CÓMO LIDIAR CON EL APEGO EMOCIONAL

Elimina el Ciclo de Dependencia Emocional y se Completamente Libre de lo que te Mantiene Atrapado

BENEDICT WILLIS

© Copyright 2022 – Benedict Willis - Todos los derechos reservados.

Este documento está orientado a proporcionar información exacta y confiable con respecto al tema tratado. La publicación se vende con la idea de que el editor no tiene la obligación de prestar servicios oficialmente autorizados o de otro modo calificados. Si es necesario un consejo legal o profesional, se debe consultar con un individuo practicado en la profesión.

- Tomado de una Declaración de Principios que fue aceptada y aprobada por unanimidad por un Comité del Colegio de Abogados de Estados Unidos y un Comité de Editores y Asociaciones.

De ninguna manera es legal reproducir, duplicar o transmitir cualquier parte de este documento en forma electrónica o impresa. La grabación de esta publicación está estrictamente prohibida y no se permite el almacenamiento de este documento a menos que cuente con el permiso por escrito del editor. Todos los derechos reservados.

La información provista en este documento es considerada veraz y coherente, en el sentido de que cualquier responsabilidad, en términos de falta de atención o de otro tipo, por el uso o abuso de cualquier política, proceso o dirección contenida en el mismo, es responsabilidad absoluta y exclusiva del lector receptor. Bajo ninguna circunstancia se responsabilizará legalmente al editor por cualquier reparación, daño o pérdida monetaria como consecuencia de la información contenida en este documento, ya sea directa o indirectamente.

Los autores respectivos poseen todos los derechos de autor que no pertenecen al editor.

La información contenida en este documento se ofrece únicamente con fines informativos, y es universal como tal. La presentación de la información se realiza sin contrato y sin ningún tipo de garantía endosada.

El uso de marcas comerciales en este documento carece de consentimiento, y la publicación de la marca comercial no tiene ni el permiso ni el respaldo del propietario de la misma. Todas las marcas comerciales dentro de este libro se usan solo para fines de aclaración y pertenecen a sus propietarios, quienes no están relacionados con este documento.

Índice

Introducción	vii
1. El Amor Frente A La Dependencia Emocional	1
2. Cómo Saber Si Eres Emocionalmente Dependiente	15
3. Lo Que Hay Que Saber Sobre La Dependencia Emocional	23
4. Cómo Dejar De Ser Emocionalmente Dependiente	33
5. Inducir La Dependencia Emocional	59
6. Ser Emocionalmente Autosuficiente	65
7. Tratamiento de la dependencia emocional	79
8. Pertenencia saludable	93
9. De la adicción al amor	125
Conclusiones	163

Introducción

La dependencia emocional es cuando una persona cree que necesita a otra para sobrevivir, ser feliz o sentirse completa.

El amor se confunde fácilmente con la dependencia emocional porque ambos suelen ir acompañados de sentimientos intensos en torno a otra persona. Pero en una relación de dependencia emocional, las personas sienten que están "enamoradas" cuando en realidad están "necesitadas".

Las personas emocionalmente dependientes necesitan la atención, la aprobación y el apoyo constantes de su pareja, porque no se lo están dando a sí mismas.

La dependencia emocional no es saludable para ti ni para tus relaciones, pero no tienes por qué seguir siendo dependiente para siempre. Reclama tu independencia emocional reconociendo y rompiendo tus viejos hábitos, aprendiendo a ocuparte de tus propias necesidades emocionales, realizando la vida por ti mismo.

1

El Amor Frente A La Dependencia Emocional

El "amor" que proviene del miedo no es amor, es necesidad. La dependencia emocional proviene del vacío interior que se crea cuando te abandonas a ti mismo y luego esperas que tu pareja llene tu vacío y te haga sentir amado y seguro. Una vez que haces a tu pareja responsable de tu felicidad, seguridad y valor, entonces tienes que intentar tener el control para conseguir que te ame de la forma en que tú quieres ser amado. El amor consiste en dar y compartir, no en recibir. El amor no es una necesidad. El amor real no tiene nada de controlador. El amor es el que apoya tu propio bien y el de tu pareja, lo que significa que nunca intentarás controlar o poseer a la otra persona. Cuando amas a alguien, valoras profundamente sus cualidades esenciales, las que no desaparecen con el tiempo.

El desafío del amor real es que no puedes desear obtener amor y ser amoroso al mismo tiempo.

. . .

Tu enfoque en conseguir amor siempre te llevará a un corazón cerrado y a un comportamiento controlador, que apaga el amor. Tu enfoque en ser amoroso, y en aprender lo que es amoroso para ti y tu pareja en cualquier momento, es lo que abre el corazón. Cuando elijas sistemáticamente ser amoroso contigo mismo y con los demás, experimentarás el verdadero amor.

DIFERENCIAS ENTRE SER EMOCIONALMENTE DEPENDIENTE Y ESTAR REALMENTE ENAMORADO

Eres realmente feliz cuando pasas tiempo juntos. Esto parece obvio, pero cuando estás realmente enamorado de alguien, te gusta estar con él. Cuando dependes emocionalmente de ella, en realidad no disfrutas de la mayor parte del tiempo que pasáis juntos, pero sigues sintiendo que debes aguantar porque estás "destinado" a estar con esa persona.

Puedes ser feliz cuando no estáis juntos. Por otro lado, si estás realmente enamorado de alguien, también puedes amar el pasar tiempo a solas y verlo como una parte saludable de tu relación. Si eres emocionalmente dependiente, pasar tiempo a solas te da miedo y tratas de evitarlo a toda costa.

. . .

Lo que te asusta de la posibilidad de romper con ellos es la idea de no tenerlos en tu vida, no "estar solo" o "estar soltero hasta la edad X". Lo que temes cuando piensas en perder a alguien puede decir mucho sobre lo que realmente sientes por él. Si lo que más te duele de una posible ruptura es la idea de que tendrías que "empezar de nuevo" o dormir solo o estar financieramente por tu cuenta en lugar de, ya sabes, perder a alguien que amas, probablemente eres más dependiente de ellos de lo que crees.

Te comprometes más con la vida, en lugar de retirarte de ella porque estás en una relación. El amor te abre. La dependencia (el miedo) te cierra y te lleva a aislarte cada vez más con tu pareja.

No tienes un profundo miedo a perder su aprobación. No tienes que matizar tus opiniones antes de compartirlas, puedes hablar con libertad, no eres tímido en cuanto a tus gustos musicales o de libros, y llevas la ropa que te gusta. Te hacen querer ser más tú mismo, no menos.

Tu pareja no está jugando contigo, ni se niega a comprometerse, ni te hace daño continuamente. Su amor es sano. La diferencia más obvia entre el amor y la dependencia es simplemente la calidad de su relación: esta persona te trata con todo el amor y el respeto que tú le das a cambio.

· · ·

Nunca te sientes presionado a hacer algo que tu pareja quiere y tú no. Ya sea sexual, social o cualquier otra cosa, nunca sientes que tienes que fingir que quieres hacer algo que no quieres para mantenerte en gracia de tu pareja. En última instancia, tu comodidad es más importante para ellos que los deseos temporales.

Empezasteis vuestra relación desde el amor, no desde la desesperación. Te juntaste porque te estabas enamorando, no porque estabas llegando a cierta edad y esa persona era la más decente que había aparecido, o porque apenas podías funcionar emocionalmente cuando estabas solo y necesitabas que alguien cuidara de ti.

Tu relación te aporta más paz, comodidad y felicidad que miedo, celos o preocupación. Es completamente normal sentir celos de vez en cuando, o preocuparse de que algo vaya mal, pero cuando estás realmente en la relación correcta, lo positivo supera exponencialmente todo eso.

Cuando estás en una relación en la que eres emocionalmente dependiente, hay mucho más "miedo a la pérdida" que cualquier otra cosa.

Amas a tu pareja por lo que es, no por lo que te quiere a ti.

· · ·

Cuando piensas en por qué te importa tu pareja y quieres pasar gran parte de tu vida con ella, es por sus rasgos de personalidad, por lo amable que es, por lo mucho que te hace reír o pensar o sentirse a gusto. Los quieres, no sólo por el hecho de que te quieran.

DEPENDENCIA EMOCIONAL

La dependencia emocional y el amor suelen parecerse, al menos desde fuera. Es normal que te involucres emocionalmente con las personas que te importan, pero si sientes que no podrías ser feliz sin una determinada pareja romántica, un familiar o un amigo, has cruzado la línea de la dependencia emocional.

Cómo superar la dependencia emocional: Romper el patrón de dependencia:

Identifica tu miedo: La mayoría de las veces, los sentimientos de necesidad o dependencia tienen su origen en el miedo. Piensa en cómo te sentirías si la persona de la que dependes se fuera.

Pregúntate qué es lo que más te asusta de esa situación.

Pasa tiempo a solas: Encuentra un momento en el que no te interrumpan y siéntate en silencio contigo mismo durante un rato, observa a dónde va tu mente y qué tipo de impulsos experimentas. Puede que encuentres algunos patrones de pensamiento o hábitos de los que no eras consciente.

Refuerza tu sentido de la identidad: Piensa en quién eres realmente cuando no intentas complacer a nadie más. Identifica tus valores fundamentales, las cosas que quieres conseguir y tu idiosincrasia. Trabaja en la construcción de un sentido de sí mismo que no dependa de la validación externa.

Deja de intentar controlar a los demás: Cuando dependes demasiado de otras personas, puedes acabar intentando controlarlas o sintiéndote desgraciado porque no puedes.

Acepta que los demás tienen derecho a sus propios pensamientos, sentimientos y elecciones, y date cuenta de que éstos no siempre te implican. Canaliza tu energía para tomar el control de tus propias elecciones y pensamientos.

Llegar a ser emocionalmente saludable:
Asume la responsabilidad de tus emociones: Acepta que lidiar con tus sentimientos es tu propio trabajo, no el de nadie más. Date cuenta de que, aunque experimentes tus emociones con fuerza, éstas no definen quién eres ni controlan lo que haces.

. . .

Practica la satisfacción de tus propias necesidades: Cuando te sientas deprimido, busca formas saludables de calmarte.

Intenta darte una charla de ánimo, salir a pasear o escribir en un diario.

Aumenta tu autoestima: cuando te sientes bien contigo mismo, es menos probable que dependas de otras personas para obtener atención o aprobación. Haz un balance de las cosas que te gustan de ti mismo y recuérdate tus buenas cualidades con frecuencia. Aumenta tu autoestima retándote a probar cosas nuevas y encontrando formas de ayudar a los demás. Acepte las limitaciones de los demás. Busque lo bueno de la gente y mantenga sus expectativas razonables.

No te enfades si alguien te decepciona ocasionalmente.

Recuerda que cada persona tiene sus propias fortalezas y debilidades.

Vivir con seguridad:
    Saber lo que quieres: Pregúntate qué tipo de vida quieres llevar y elabora un plan que te ayude a conseguirlo.

. . .

Da prioridad a tus propios objetivos y valores en lugar de intentar complacer a otras personas.

Tome las riendas de su horario: Planifica tu horario en función de tus propias necesidades y deseos.

Incorpora tiempo para el autocuidado y las actividades que te gustan, como visitar a los amigos o salir al cine. No dejes que los planes de los demás dicten tu vida.

Amplía tu círculo social: Evite depender excesivamente de alguien pasando tiempo con muchas personas diferentes.

Mantén el contacto con tu familia y haz planes para ver a tus amigos con regularidad. si tu círculo social es pequeño, puedes conocer gente a través del trabajo, las clases o los clubes sociales.

Dar a los demás: cuando ayudes a otras personas, te sentirás confiable, no dependiente. Acude a tus familiares y amigos cuando necesiten un apoyo extra, o busca oportunidades de voluntariado en tu zona.

Trabaja hacia la interdependencia: La dependencia no es saludable, pero tampoco lo es el aislamiento emocional.

Cuando te liberes de tus viejos hábitos, busca personas emocionalmente sanas con las que pasar el tiempo. Cultiva relaciones basadas en el respeto mutuo, la honestidad y la empatía, no en la necesidad.

TIPOS DE DEPENDENCIA EMOCIONAL

La dependencia emocional es una condición compleja. Por lo general, no obedece a ninguna regla, y crearla y mantenerla son dos cosas diferentes. En muchos casos, ni siquiera es una realidad consciente. Por el contrario, la persona con dependencia emocional piensa que los problemas derivados de su dependencia tienen un origen diferente, y a menudo externo.

Detrás de la dependencia, suele haber un miedo extremo.

También hay muchas fantasías sobre la propia capacidad o lugar en el mundo. Uno siente, sin pruebas que lo respalden, que, si rompiera o careciera de ciertos vínculos, estaría en grave peligro.

Este tipo de dependencia es similar a la que experimenta un adicto.

. . .

Como tal, también conlleva un síndrome de abstinencia.

Los episodios de ansiedad y depresión aparecen cuando, por alguna razón, el vínculo se rompe o se debilita momentáneamente. La propia existencia puede parecer insoportable sin ese vínculo. Quien lo padece, sin duda, sufre mucho. Se puede hablar de tres tipos básicos de dependencia emocional y son los siguientes.

DEPENDENCIA EMOCIONAL DE LA FAMILIA

Esta es una de las formas de dependencia emocional más difíciles de superar. Suele corresponder a estructuras familiares en las que los padres sufren fuertes estados de ansiedad y lo transmiten a sus hijos. Estos últimos son educados con un miedo excesivo al mundo. Todo lo externo es visto como una amenaza y la familia como un refugio.

Los que sufren este tipo de dependencia sobrevaloran la protección que ofrece la familia. Si bien es cierto que a menudo existen vínculos afectivos y grandes gestos de solidaridad, también es verdad que hay rasgos insanos, entre ellos la idea repetida de que hay riesgo y cuanto más lejos estemos de él, mejor.

. . .

En este tipo de familias no se fomenta la confianza en uno mismo. Por el contrario, lo que prima es la creencia de que la persona será incapaz de afrontar grandes retos. De este modo, la familia se convierte en una especie de burbuja que cobija, pero también encarcela. Esta es la forma equivocada de afrontar la ansiedad. También es una respuesta vaga a la necesidad de crecer y ser autónomo.

DEPENDENCIA EMOCIONAL DE LA PAREJA

Este tipo de dependencia es uno de los más frecuentes.

También es una de las más dañinas. Forma parte de una creencia errónea que supone que la pareja da sentido a la propia vida o la protege de la terrible soledad. Por ello, la pareja se convierte en el eje de la propia vida.

Este tipo de dependencia es típico de las personas que arrastran grandes inseguridades. No tienen claro lo que son o no son capaces de hacer. De hecho, asumen que son muy indefensos. Por lo tanto, necesitan apoyo para vivir y ese tipo de apoyo viene de su pareja. Esto se convierte en una especie de escudo protector contra el sufrimiento o el miedo.

Por eso se desarrolla un fuerte apego.

. . .

Aunque este tipo de dependencia puede funcionar durante un tiempo, lo cierto es que tarde o temprano provoca un gran sufrimiento. La persona dependiente tiene tanto miedo de perder a su pareja que puede desarrollar un comportamiento muy dañino, como los celos excesivos o la sumisión ilimitada. Así, la dependencia deteriora la relación en lugar de fortalecerla.

DEPENDENCIA EMOCIONAL DEL ENTORNO SOCIAL

El aspecto más característico de esta condición es una necesidad excesiva de ser reconocido y aprobado en cualquier entorno. Si no hay suficientes señales de verdadero aprecio y aceptación, el individuo entra en pánico. Además, hará lo que sea necesario para lograr esa aparente compensación psicológica. Sentirse rechazado, desde su perspectiva, es lo peor que le puede pasar.

Para lograr la aprobación, uno puede volverse servil o invisible. En primer lugar, la persona dependiente se siente obligada a complacer a los demás, incluso esforzándose en exceso. Harán cualquier sacrificio para no tener que enfrentarse al rechazo o a la confrontación. En el segundo caso, la persona renuncia a sus convicciones para disipar la tensión del entorno. En ambos casos, la situación es totalmente perjudicial.

. . .

En el caso de la dependencia familiar, la dependencia de la pareja y la dependencia del entorno social, lo que subyace en el fondo es una pobre autoestima. Sobre todo, no hay conciencia de lo que uno es capaz de hacer. Se parte de la idea de que uno tiene poco valor y no es capaz de salir adelante sin los demás.

Todas esas falsas creencias se traducen en miedo y ansiedad.

Y como ocurre con todos los miedos injustificados que tenemos, la mejor manera de superarlos es enfrentarse a ellos.

Quizá sólo necesites dar el primer paso. Atrévete a caminar solo. Arriesgarte a salir de tu zona de confort. La confianza en uno mismo no se construye de la noche a la mañana, pero una cosa es cierta: si la construyes lejos de tus "dependencias", será mucho más sólida.

2

Cómo Saber Si Eres Emocionalmente Dependiente

Cuando se habla de problemas de dependencia en la terapia, se dice que solemos confundir la obsesión y los sentimientos de dependencia con el amor y la atracción. Es muy fácil perderse en esos sentimientos.

La dependencia emocional es como un espectro, en el que la independencia emocional y la realización personal se sitúan en un extremo y la dependencia total de la pareja, el amigo o el ser querido en otro. Las personas emocionalmente independientes saben ser emocionalmente fuertes y pueden afrontar los problemas por sí mismas. Prefieren hacer frente a sus necesidades emocionales por sí solas, pero pueden tener dificultades para mostrarse vulnerables y abiertas con sus parejas o seres queridos, lo que puede dar lugar a problemas de relación.

. . .

Las relaciones interdependientes son las más sanas porque se sitúan en el medio. La interdependencia también significa que uno conoce sus propias necesidades emocionales y se esfuerza por satisfacerlas.

Si no puedes satisfacer todas tus necesidades emocionales, entonces puedes recurrir a tu pareja. En otras palabras, puedes depender de ellos para algunas necesidades emocionales, pero no para todas. La mayoría de las personas cultivan relaciones interdependientes con una red de amigos, colegas, mentores y seres queridos en la que cada necesidad se satisface a través de diferentes relaciones, lo que conduce a una vida más satisfactoria y equilibrada sin una dependencia extrema de una sola persona o relación.

Ahora, en el otro extremo del espectro emocional, tenemos la dependencia emocional. Aquí, por lo general, acabarás dependiendo de tu pareja para satisfacer todas tus necesidades emocionales. Por ejemplo, si te enfrentas a alguna angustia emocional, es posible que quieras depender de tu pareja inmediatamente antes de intentar gestionarla por ti mismo.

En una relación de este tipo, puede sentir que no puede vivir sin el apoyo emocional de su pareja. Esto sugiere que su relación ha llegado a un nivel de dependencia poco saludable.

. . .

SIGNOS CLAVE DE LA DEPENDENCIA EMOCIONAL

- Idealizar su relación o a su pareja
- Creer que tu vida carece de sentido o valor sin ellos
- Pensar que no vas a encontrar ninguna felicidad o seguridad si estás soltero
- El miedo constante al rechazo
- Necesidad persistente de tranquilidad
- Sentirse vacío o ansioso al pasar tiempo a solas
- Depender de tu pareja para reforzar tu autoestima, tu valor personal y tu confianza
- Sentirse celoso o posesivo
- Tener dificultades para confiar en ellos

Si tienes problemas para satisfacer tus necesidades emocionales y eres bastante dependiente emocionalmente de tus relaciones románticas, los efectos empezarán a reflejarse también en otras áreas de tu vida. Estas son algunas de las formas en que se manifiesta la dependencia emocional:

Problemas en la relación:
Si quieres saber cómo hacerte fuerte emocionalmente, tendrás que identificar los desencadenantes que provocan cualquier conflicto importante en la relación

. . .

Por lo general, la dependencia emocional no conduce a una relación sana. Si una pareja es emocionalmente dependiente, necesitará mucha seguridad y apoyo de su pareja.

Constantemente harán preguntas como:

- ¿Me quieres?
- ¿Soy suficiente?
- ¿Estoy siendo una molestia?
- ¿Quieres pasar tiempo conmigo?
- ¿Me veo bien?
- ¿Nos dirigimos hacia una ruptura?

Si te sientes inseguro y tienes dudas sobre tu relación, puede que necesites la aprobación constante de tu pareja para sentirte bien contigo mismo.

Esta necesidad puede desencadenar temores de abandono porque no obtendrá la seguridad constante que necesita.

Tener problemas de abandono puede hacer que intentes controlar su comportamiento y aferrarte a él por cualquier medio.

Sin embargo, intentar controlar todos los aspectos de otra persona será contraproducente, ya que se cansará de la presión constante.

Si una persona se siente manipulada o no es capaz de tomar sus propias decisiones, puede acabar rompiendo contigo.

Por lo tanto, se puede notar un patrón de relaciones fallidas si una persona es emocionalmente dependiente.

Alto nivel de estrés

A menudo, la dependencia emocional en las relaciones puede conducir a la angustia emocional en diferentes niveles. Si usted está teniendo constantes pensamientos y preocupaciones acerca de dónde va su relación y si los sentimientos de su pareja están cambiando para usted puede hacer que se sienta inquieto y ansioso. Estos pensamientos pueden volverse más intensos cuando no estás con tu pareja y puedes pasar todo el tiempo pensando en lo que están haciendo y en si todavía están enamorados de ti. Como resultado de esta fijación, tu nivel de estrés de base puede llegar a ser bastante alto.

Los niveles de estrés elevados pueden tener un impacto significativo en la forma en que experimentamos y expresamos nuestras emociones. Algunas de las cosas que puedes notar son:

- Cambios rápidos y repentinos del estado de ánimo
- Sentimientos constantes de depresión y bajo estado de ánimo
- Estallidos repentinos de ira o tristeza acompañados de gritos y llantos
- Los sentimientos intensos pueden manifestarse como violencia hacia los objetos y las personas
- Síntomas somáticos como dolores de cabeza, malestar estomacal y tensión muscular

Si dependes completamente de tu pareja para cualquier apoyo emocional, entonces te quedarás atrás a la hora de priorizarte a ti mismo.

Esto puede manifestarse como falta de higiene, dependencia de las drogas y el alcohol, falta de ejercicio o incluso no dedicar tiempo a uno mismo y cultivar sus aficiones e intereses.

No es realista depositar todas tus expectativas en una persona y que ésta satisfaga todas tus necesidades, siempre.

Debes tener herramientas de afrontamiento que te ayuden a ser autosuficiente, especialmente cuando los demás no están disponibles.

. . .

Además, cuando se experimenta algún tipo de malestar emocional, normalmente cuando no se satisfacen las necesidades, puede afectar a la salud mental y provocar ataques de pánico. Si notas que tu dependencia de una sola persona o relación está causando una cantidad excesiva de estrés en tu vida, es hora de reevaluar tus prioridades y buscar cultivar el amor propio y el autocuidado.

Descubramos algunas formas de superar la dependencia emocional y cómo ser emocionalmente fuerte:
Para sentirse digno y querible, la conexión emocional con uno mismo es muy crucial. Apartar los pensamientos y los sentimientos sólo crea un vacío interior.

Conociéndose a sí mismo a través de un proceso de autoexpresión es como se puede establecer una autoconexión.

Practica la expresión de ti mismo a través de la escritura espontánea, el diario o la grabación de voz.

La autoconexión te permite ser autocompasivo y, cuando aprendes a expresarte, empiezas a tratar tus emociones de forma más compasiva, racional y receptiva.

. . .

Mucha de la necesidad proviene de acontecimientos difíciles que sucedieron durante la infancia o la adolescencia.

Recordar acontecimientos pasados y cómo reaccionaste a esos recuerdos crea un círculo vicioso.

No quieres quedarte atrapado en eso. Identifica estos incidentes para comprender mejor cómo has acabado en este estado de impotencia y dependencia emocional. Esto sólo te impide avanzar.

3

Lo Que Hay Que Saber Sobre La Dependencia Emocional

En las relaciones románticas, la dependencia emocional es un trastorno de la personalidad con raíces profundas.

La dependencia emocional es un trastorno de la personalidad en el que una persona con baja autoestima busca constantemente la seguridad en otras personas, o en factores externos, sin confiar en sus propios criterios y recursos interiores.

La dependencia emocional comienza cuando un niño no recibe el cariño adecuado de las personas que más significan para él, como sus padres, hermanos u otras personas cercanas. Esta falta de amor genera una baja autoestima, un problema que tiende a crecer durante la adolescencia.

. . .

De adulto, el dependiente emocional se recrea en situaciones en las que desempeña un papel sumiso, tratando siempre de complacer a los demás para mantener el vínculo de relación a toda costa, y evitar así la aterradora perspectiva del rechazo.

La falta de autoestima desde la infancia es la principal causa de la dependencia emocional. Es el resultado de un chantaje emocional que enseña a la niña que sólo será amada tras cumplir las expectativas de sus padres o de otras personas significativas. Cualquier esfuerzo por afirmarse o mostrar su individualidad será reprobado o castigado. Se le cortan las alas y aprende rápidamente a no crear conflictos o a no molestar a sus padres si quiere obtener el afecto que necesita.

Manipulación y sentimiento de culpa

Provocar la culpa es una forma de manipular al niño para que tenga la actitud "correcta". A menudo se oye a las madres quejarse del modo en que sus hijos o maridos las decepcionan o molestan; a los padres autoritarios se les oye decir a menudo en un tono desproporcionado:

"Cállate y haz lo que yo te diga" o "En esta casa se hace lo que yo te diga".

Fallos en la construcción de la autoestima

La autoestima del niño, y su capacidad de estar solo, se construye a través del reflejo, o el espejo, de la confianza que sus padres depositan en él. El niño puede tener fracasos durante esta etapa porque sus padres le dan mensajes contradictorios sobre sus capacidades; es incapaz de interiorizar esas cualidades y necesita un adulto a su lado para sentirse seguro.

Los episodios de pasión, indiferencia, abuso y manipulación son manifestaciones de patrones psicológicos desordenados, o incluso patológicos. Como humanos, tendemos a buscar y reproducir lo que nos es familiar, lo que hemos visto desde nuestra más tierna infancia. Son patrones de comportamiento aprendidos en la infancia que dejan una profunda huella en cada ser humano.

Por lo tanto, es un gran error confundir el amor con la dependencia y las relaciones tóxicas. Esto puede ocurrir, sobre todo, cuando la autoestima de una persona es baja, y busca la aceptación y el amor de los demás, incluso si eso significa comprometer su propia dignidad.

Los dependientes emocionales aceptan el desprecio y el abuso como algo normal; tienden a sentirse atraídos por personas que parecen muy seguras de sí mismas y que tienen una personalidad dominante.

. . .

Desgraciadamente, los dependientes emocionales no conocen el amor genuino entre dos personas que se respetan e intercambian afecto; les cuesta tomar las riendas de su propia vida y esperan ser "encontrados" algún día por esa persona especial que les haga felices y acabe con su soledad y angustia existencial.

Algunos comportamientos son claros indicadores de relaciones insanas, y pueden convertirse gradualmente en una dependencia peligrosa, como la posesión, la manipulación, la falta de respeto, los celos, la inseguridad y el abuso.

Estos son síntomas de un miedo a no ser amados y aceptados tal y como somos. Por eso las personas caen en situaciones de dominación y sumisión: tratan de asegurar una aparente estabilidad con un falso afecto y atención que puede transformarse en una dependencia, en una "droga".

El secreto es construir una relación de pareja desarrollando la mejor parte de nosotros mismos y eligiendo a personas que sean compatibles, y que también busquen sacar lo mejor de sí mismas en el respeto, la estima sincera, la atención, la comprensión, la aceptación y el afecto verdadero.

El entorno adecuado es el que favorece el amor a la entrega, la apertura y el respeto a la otra persona.

. . .

Saber amarnos y estimarnos a nosotros mismos es una base saludable para poder amar y estimar al otro, e iniciar la búsqueda de una pareja sana y amorosa.

DEPENDENCIA EMOCIONAL EN LAS PERSONAS

La dependencia emocional es una reticencia o rechazo a aceptar emocionalmente el papel de adulto. Es como ser un niño, ya que se espera que otras personas ("los verdaderos adultos") "hagan las cosas bien". Al mismo tiempo, se insiste en la libertad y la autonomía del adulto. Este desajuste provoca una gran complicación a la hora de intentar formar relaciones adultas amorosas o cooperativas. Los comportamientos más destacados se basan en negarse a asumir responsabilidades.

RASGOS QUE INDICAN DEPENDENCIA EMOCIONAL

- Peticiones de tranquilidad
- Relaciones adictivas
- Evitar tomar decisiones importantes
- Quejas de problemas irresolubles
- Incapacidad/no voluntad de tomar decisiones
- Procrastinación
- Conseguir que una o varias personas intervengan en las consecuencias naturales por simpatía o codependencia

- Baja autoestima
- Grandiosidad infantil disfrazada
- Sienten que lo que les gusta hacer de todos modos debe ser recompensado con una vida.
- Rebeldía, agresión pasiva e incapacidad para cooperar.
- Incapacidad para comprometerse con algo o rechazarlo.
- Pedir consejo con frecuencia, pero no seguirlo o encontrar fallos en él.

Las personas emocionalmente dependientes suelen adquirir una gran cantidad de conocimientos o habilidades, pero tienen problemas para mantener una carrera o un puesto en el que los conocimientos y las habilidades se apliquen de forma fiable. A menudo tienen objetivos elevados que nunca se persiguen de forma realista ni se ponen a prueba. Desde una posición de apoyo, es posible parecer brillante, innovador, talentoso, porque los temas y las materias pueden ser perseguidos mental y verbalmente sin la restricción de organizar y ejecutar los pasos prácticos. A menudo, los cursos de estudio o pericia se inician con mucha ilusión, pero se abandonan antes de terminarlos, o se completa la parte educativa pero no se mantiene la parte profesional.

Las personas emocionalmente dependientes pueden crear un papel en una familia o grupo en el que parecen señalar el camino a seguir, pero en realidad son otros los que suelen hacer el trabajo diario y decidir los asuntos prácticos cotidianos. Sin embargo, este pseudo-liderazgo acaba por fracasar, a menudo sólo cuando el periodo de entusiasmo ha terminado.

Sin embargo, es frecuente que las personas emocionalmente dependientes se encuentren en una posición de "colapso", "no les va muy bien o están en crisis" y son ayudadas, rescatadas o atendidas por otros. Desde esta posición no se levantan fácilmente porque las luchas típicas del ser humano y las fricciones sociales se viven como traumas o contratiempos. Una forma ilusoria de salir del colapso es una relación adictiva, descrita en la última parte de esta página web.

El vínculo del consejo: Una transacción fundamental y frecuente para una persona emocionalmente dependiente es pedir consejo a otro adulto o adolescente sobre qué hacer.

Cualquier consejo que se reciba no se rechaza ni se acepta claramente, sino que se recita exhaustivamente cualquier desventaja que exista. Todas las opciones tienen algún inconveniente, esa es la naturaleza de una decisión. Una persona emocionalmente dependiente es muy reacia a aceptar una desventaja, y ciertamente no está dispuesta a aceptar la responsabilidad de una desventaja. Esto hace que el consejero tenga que presentar las opciones como si no tuvieran ningún inconveniente (lo que supone una falta de honestidad que la persona emocionalmente dependiente suele señalar).

Se puede tener la sensación de que la persona emocionalmente dependiente sólo quiere que otra persona arregle la situación, pero este arreglo requiere retener los aspectos positivos y protegerse de los negativos. Las conversaciones sobre el tema pueden ser muy frecuentes, o muy largas, sin que haya una forma obvia de cumplir o completar el papel de asesor. Un sentimiento de impotencia invadirá el ambiente. Esto, en todo caso, es lo esencial de la frase "ser pegajoso" o "estar necesitado". La mayoría de las personas están contentas de ayudar a alguien, pero se sienten frustradas cuando se les pide ayuda, pero no pueden ni ayudar ni terminar la interacción.

La dependencia emocional se suele "auto-tratar" a través de las relaciones. Las personas emocionalmente dependientes tienden a estar siempre en una relación. Tienden a aferrarse a las relaciones el mayor tiempo posible, pero suelen empezar otra relación rápidamente si la existente termina. En las primeras etapas de una nueva relación, una persona emocionalmente dependiente mostrará su comportamiento menos dependiente. Esto no es nefasto, ni siquiera consciente: todas las personas tienden a comportarse de la manera que consideran deseable en las primeras etapas de una relación.

Pero una vez que se produce algún compromiso, los adultos emocionalmente dependientes tienden a descompensarse funcionalmente con el tiempo, y la pareja no dependiente se ve arrastrada a convertirse en un facilitador.

Esta dinámica nunca es realmente estable a menos que haya hijos o fuerzas externas que la mantengan unida. Sin embargo, en una relación con dos miembros de la pareja emocionalmente dependientes, habrá una gran estabilidad, pero también grandes luchas y conflictos. Un formato en el que esto ocurre es la "relación adictiva".

4

Cómo Dejar De Ser Emocionalmente Dependiente

Si no te amas a ti mismo -tu propia esencia hermosa y maravillosa- entonces no puedes ver ni amar la esencia de otro. Cuando no te ves y valoras a ti mismo, te vuelves emocionalmente dependiente en tu deseo de obtener amor.

Cuando te ames a ti mismo, serás mucho menos vulnerable a convertirte en un dependiente emocional de una pareja porque no tendrás una necesidad desesperada de atención y aprobación. Cuando te des a ti mismo la atención y la aprobación que necesitas, podrás tener relaciones sanas con los demás sin depender de ellos para tu sensación de bienestar.

Aprender a quererse a sí mismo y a sentirse completo, con o sin otras personas en la vida, es un viaje que dura toda la vida. Pero el esfuerzo merece la pena.

. . .

SUPERAR LA DEPENDENCIA EMOCIONAL

Sé consciente de quién eres y de tus emociones:

Acéptate a ti mismo y no niegues quién eres. Para convertirte en una mejor versión de ti mismo, primero tienes que aceptar tu verdadero yo y ser consciente de tus puntos fuertes y débiles.

El primer paso para aprender a mantenerse fuerte emocionalmente y satisfacer sus necesidades emocionales es identificar y reconocer sus emociones cuando las experimenta. Al principio, esto va a suponer un reto, y es perfectamente normal enfrentarse a dificultades mientras se intenta gestionar los sentimientos desagradables.

Pero hay que entender que todo el mundo pasa por altibajos a lo largo de su vida. Además, ¿cómo puedes experimentar y apreciar lo bueno si no hay nada malo? Las emociones negativas son tan importantes como las positivas, y te ayudan a reconocer cuando las cosas no van bien.

Por lo tanto, intenta ponerte en contacto con tu sentido de la curiosidad en lugar de confiar en alguien o esconderte de los sentimientos negativos con el intento de hacerlos desaparecer.

. . .

Cambia el enfoque internamente y trata de entender lo que te están diciendo.

Si quieres saber cómo aumentar la fuerza mental y conocerte a ti mismo y a tus emociones, puedes implicarte en lo siguiente.

- Meditación
- Ejercicios de respiración
- Pasar tiempo con uno mismo
- Pasar tiempo con la naturaleza

Aprende a estar ahí para ti: Los seres humanos son seres sociales, y querrán conectar con otro individuo en un momento u otro. Sin embargo, es nuestra autoconexión la que tiene un mayor poder transformador. Es crucial que aprendas a cuidar tu salud mental y física, y que al final del día puedas depender de ti mismo. Tus necesidades no desaparecerán sólo porque las ignores o porque otra persona las desestime. Practica la comprensión de tus necesidades y prioriza tus deseos sobre los de los demás. Esto significa que tienes que abrazar tus pasiones, curiosidades e intereses con los brazos abiertos y no esconderte para hacer feliz a otra persona.

Para practicar el amor propio, tienes que comprometerte con él, como en cualquier otra relación.

. . .

Puede que no satisfagas todas tus necesidades, pero puedes satisfacer la mayoría de ellas. Sólo tienes que esforzarte e intentarlo, que es mejor que lo haga otra persona por ti.

Algunos consejos para ponerse en primer lugar son:

- Reconocer sus necesidades y priorizar su bienestar
- Gestionar sus necesidades, con regularidad y sin miedo a ponerlas en primer lugar
- Darse un capricho los fines de semana y disfrutar de las actividades que le gustan
- Participar en el ejercicio físico, con regularidad
- Hacer algo productivo, en lugar de holgazanear
- Explora los factores que desencadenan la dependencia emocional

Ciertos factores desencadenarán en ti conductas de dependencia emocional. Algunos de ellos pueden ser:

El estrés provocado por factores externos, como los problemas en el trabajo o los problemas familiares, puede hacer que busques tranquilidad en los demás.

Cometer un error puede bajar tu autoestima y puedes depender de la aprobación de los demás para levantarte.

Cuando tus amigos o tu pareja pasan tiempo con otros, puedes sentirte rechazado por ellos o perder su amor.

Por lo tanto, hay que tratar de identificar los desencadenantes específicos para poder desarrollar un método de afrontamiento que permita desarrollar la resiliencia mental y la fuerza emocional.

Esto podría implicar hablar con un amigo sobre los sentimientos o utilizar la autoconversación positiva para centrarse en los propios puntos fuertes y los éxitos.

No te quedes anclado en el pasado:
Cuando estás constantemente atascado en tu pasado eres incapaz de avanzar o de tomar mejores decisiones para ti. El hecho de recordar los acontecimientos y las personas del pasado y de aferrarse a los remordimientos obstaculiza tu crecimiento. Al hacerlo creas un círculo vicioso y al hacerlo te olvidas de vivir tu vida y sientes una constante decepción y tristeza.

Decide por ti mismo:
Superar la dependencia emocional requiere que tomes decisiones lógicas, y razonables, especialmente las que tomas por ti mismo. No confíes en otros para que te hablen o decidan en tu nombre porque parecen más decididos.

Pregúntate exactamente qué quieres de la vida y no tengas miedo de conseguirlo. Confía en ti mismo, en tus instintos y ten confianza en lo que quieres o piensas.

Empieza por cosas pequeñas, como por ejemplo cómo te gustaría celebrar tus logros, qué te gustaría comer o cenar, cómo te gustaría pasar el fin de semana, etc.

Pasa gradualmente a las grandes decisiones, como las financieras, etc. Comete errores, aprende de ellos y hazlo mejor la próxima vez.

No pidas permiso:
Cuando tomamos grandes decisiones en la vida, a menudo pedimos consejo a nuestra familia y amigos. Aunque simplemente pidamos opiniones, lo que realmente queremos es la validación de que está bien hacerlo. Pero para cosas menores, no pidas permiso a los demás.

Ten una llamada de atención, busca en tu interior lo que quieres y sigue adelante. Buscar siempre el permiso para cada cosa nos aleja de ser autosuficientes.

Nadie puede asegurarte al 100% lo que está bien y lo que está mal en tu decisión. Solo tienes que estar en sintonía contigo mismo y dar el paso necesario.

No te apegues demasiado a la gente:
Todos necesitamos nuestro sistema de apoyo, por ejemplo, nuestros amigos y familias, incluso las mascotas.

Pero cuando nos apegamos demasiado no podemos dar lo mejor de nosotros mismos ni tener nuestro propio punto de vista.

Aprende a mantener un equilibrio saludable entre ti mismo y las relaciones. Aprende a esperar menos de los demás, para no sentirte decepcionado después.

Asume toda la responsabilidad:
Asume la responsabilidad de las elecciones y las decisiones que tomas. Puedes convencerte de cualquier cosa, pero es bueno que asumas la responsabilidad de hacerlo. Significa ser totalmente consciente de tus pensamientos, sentimientos y acciones y aceptarlos.

Reconocer la crueldad emocional:
Uno de los principales pasos para llegar a ser emocionalmente autosuficiente es reconocer cuándo estás siendo demasiado duro o crítico contigo mismo. Cuando eres demasiado crítico contigo mismo, empiezas a alejarte de tus pensamientos internos y a confiar en los demás para que te validen. Este patrón de autocrítica puede deshacerse encontrando una forma positiva y eficaz de manejar tus emociones, especialmente en una situación difícil.

La clave es darse cuenta de que hay verdaderos problemas en tu vida y aceptar que tú eres la causa de ellos.

Una vez que aceptes que hay una mejor manera de arreglar las emociones negativas y actuar en consecuencia. Reconocer la crueldad emocional puede ser difícil, pero una vez que aprendas a superar la dependencia emocional verás que tener una mentalidad positiva puede ser liberador.

Identificar los patrones autodestructivos:

Gran parte de los rasgos de dependencia emocional provienen de traumas o desafíos emocionales que nos han sucedido durante la infancia o la adolescencia. Una vez que identifique los desencadenantes y los eventos, encontrará una manera de deshacer el daño del pasado y esto ayudará a detener los patrones autodestructivos que pueden hacer un mal daño a su bienestar mental y físico. Una vez que busques ayuda con los problemas de dependencia en el asesoramiento, aprenderás a dejar ir el pasado en lugar de dejar que te defina.

En primer lugar, tienes que identificar tus desencadenantes y los patrones que están vinculados a tu pasado. Estos son los comportamientos, hábitos o personas que te llevan a un mal lugar y te hacen sentir poco querido. Una vez que conozcas tus desencadenantes, empezarás a ver las trampas y podrás evitarlas antes de que se conviertan en algo malo.

Desarrollar la paciencia:

Si quieres ser emocionalmente fuerte, tienes que aprender a mejorar tus habilidades y elevar las tareas que puedes hacer por ti mismo. Sin embargo, desarrollar tus habilidades puede llevar tiempo y requiere compromiso junto con la resolución de no comprometerte nunca contigo mismo. Cultivar la paciencia es crucial porque la vida puede ser difícil a veces, y cuanto antes aprendas a tener paciencia, antes podrás desarrollar las habilidades que te ayudarán a prosperar por ti mismo y te harán menos dependiente emocionalmente de los demás.

No confundas tus necesidades con las expectativas de otros:
Para ser emocionalmente fuerte tienes que recordar que no eres responsable de la felicidad de los demás. Mientras que tu actitud en la infancia puede depender de tus padres o de tus tutores, tu actitud como adulto depende totalmente de ti. Un aspecto importante de la vida es darse cuenta de que tus necesidades no son responsabilidad de otra persona.

Tienes que recordar que toda relación tiene sus límites, puedes pedir una ayuda ocasional pero no será la respuesta a tu felicidad.

No cometas el error de sentir que alguien "debería" hacerte sentir feliz. Este tipo de dependencia emocional puede hacerte sentir miserable. Cuanto antes afrontes la realidad y te enfrentes al hecho de que eres responsable de tu felicidad, más alegría encontrarás en la vida.

. . .

Busca ayuda profesional:

Puedes seguir perfectamente estos consejos por tu cuenta, sin embargo, a veces una mano amiga te da un pequeño empujón para defenderte.

Puede ser extremadamente duro superar la dependencia emocional, pero es necesario encontrar la fuerza para hacerlo. A menos que reconozcamos los traumas y sufrimientos pasados con los que todos tendemos a cargar, no podremos aprender a hacernos fuertes mentalmente y a curar las heridas del pasado.

Como los comportamientos de dependencia emocional se desarrollan con el tiempo, no será posible mejorar de la noche a la mañana. Aunque debes tomar medidas para abordar esos problemas y ser fuerte, también es importante tener paciencia y compasión por ti mismo o por tu pareja.

Habla con un consejero de salud mental que pueda orientarte sobre cómo puedes abrazarte a ti mismo y resolver los problemas derivados de la dependencia emocional.

TÉCNICAS PARA SUPERAR LA DEPENDENCIA EMOCIONAL

. . .

Cómo Lidiar con el Apego Emocional

Practica estar ahí para ti

Todos queremos conectar con otras personas, pero es nuestra conexión con uno mismo la que tiene el mayor poder de transformación. Es importante aprender a cuidarse a sí mismo y aprender que puedes depender de ti, pase lo que pase.

Tus necesidades no desaparecerán sólo porque las ignores o sólo porque otra persona las desestime. Eres importante y mereces que te valoren por lo que eres, simplemente porque eres un ser humano vivo en este planeta.

Practica el estar ahí para ti mismo reconociendo tus necesidades y comprendiendo que está bien priorizarlas sobre los deseos de los demás. Abraza tus pasiones, intereses y curiosidades con los brazos abiertos y no te escondas a ti mismo o a tu luz por el brillo de otra persona.

Podemos aprender a querernos a nosotros mismos, pero hace falta un compromiso voluntario, como en cualquier otra relación. Es cierto que no puedes satisfacer todas tus necesidades, pero puedes satisfacer la mayoría de ellas. Sólo tienes que remangarte y probar, en lugar de esperar a que otra persona las satisfaga por ti.

. . .

Consejos para estar ahí para ti más a menudo: Reconoce tus necesidades y prioriza tu bienestar. Gestiona tus necesidades con regularidad y no tengas miedo de defenderlas. Date un capricho cada semana, pero también haz algo por tu futuro cada semana (como ahorrar). Haz algo de ejercicio físico con regularidad y niégate a regodearte cuando podrías estar haciendo algo productivo.

Deje de ceder sus responsabilidades a sí mismo

Cuando no estamos seguros de cómo cuidar de nosotros mismos emocionalmente, resulta cómodo pasar la responsabilidad a otra persona, pero esa es una forma definitiva de encontrarse con problemas. Al fin y al cabo, nadie más que tú puede cuidar de tus emociones.

Para llegar a ser la versión más fuerte y estable de nosotros mismos, tenemos que ser capaces de desarrollar nuestra autoconfianza. Esta autosuficiencia nos hace más resistentes al estrés que nos depara la vida y hace que podamos sobrevivir cuando nuestros seres queridos nos defraudan.

Regalar nuestras responsabilidades es débil y fomenta más debilidad en nuestras vidas.

. . .

La autoconfianza es la clave para escapar de nuestros rasgos más necesitados y desagradables, pero es una herramienta difícil de dominar y aún más difícil de mantener. Sé amable contigo mismo y ten el valor de defender las cosas que más necesitas. Nadie va a proporcionar esas cosas más que tú.

Cuanto antes te des cuenta de ello, mejor te irá.

Vuelve a ser padre

Si eres alguien que viene de un hogar roto o de una familia rota, aprender a volver a ser padre con amor puede ser una herramienta inestimable para cambiar las cosas a mejor.

A menudo es nuestro niño interior roto el responsable de los desgarros de nuestra vida adulta.

Estos seres pobres y rotos habitan dentro de cada uno de nosotros, y tienen una extraña manera de mostrar sus rostros desconsolados cada vez que nos enfrentamos al estrés o a la adversidad en nuestras vidas. Tratar con nuestros niños interiores puede ser difícil, pero es necesario para cultivar la curación en nuestras vidas.

. . .

Sin embargo, aprender a aprovechar a este niño interior también te permite reparar con amor a ti mismo, y esa es una habilidad que no tiene precio. El arte de la crianza comienza con la percepción y la expresión genuina de las heridas del niño interior herido y termina con la resolución pacífica y racional de las mismas a través de la comprensión.

Cuando permitimos que el niño que llevamos dentro sea vulnerable, nos permitimos ser como somos. Resolver ayudar a este niño roto con intención amorosa te permite expresarte honesta y abiertamente. No tengas miedo de hacerle saber al pequeño ser que sus sentimientos son aterradores pero inofensivos. Dígale que se le pasarán con el tiempo, pero que tiene que ser lo suficientemente valiente como para dejarlos ir. Puedes seguir esto con una declaración de acción, pero hagas lo que hagas deja que el dolor entre y permítete sentirlo y abrazarlo plenamente.

Desarrolla un proceso con este niño que te permita manejar tus emociones de una manera más sana y estable. Honra tus pensamientos y permite que vengan en el momento tal y como son, pero redirige esos viejos miedos y heridas que te mantienen encadenado al pasado.

Cuando pasamos por un momento difícil, puede parecer imposible encontrar una forma equilibrada de pensar. Si nos reorientamos, podemos encontrar un camino hacia la felicidad y la aceptación. Sólo hace falta perseverar.

Reconoce tu propia crueldad emocional

Tratar con dureza a nosotros mismos es un mecanismo de afrontamiento, y es uno que hace más daño que bien. Cuando somos demasiado duros con nosotros mismos, empezamos a alejarnos de ese monólogo interior y a buscar el alivio en los demás. Puedes deshacer este patrón de autocrítica encontrando una mejor manera de lidiar contigo mismo y con tus emociones cuando las cosas se ponen difíciles.

Date cuenta de que hay un sufrimiento genuino en tu vida y acepta que (a veces) tú eres la causa de él. Acepta que hay un camino mejor y reconoce que ser duro contigo mismo no hace más que agravar tus emociones negativas. Reconocer nuestra propia crueldad emocional puede ser algo difícil de hacer, pero echa un segundo vistazo y a menudo verás que tú mismo eres tu peor enemigo.

Identificar y dejar de lado los patrones autodestructivos

Gran parte de nuestra necesidad proviene de las cosas duras que nos sucedieron en nuestra infancia o adolescencia. Al identificar estos acontecimientos y encontrar mejores formas de responder a ellos, podemos deshacer las heridas del pasado y ayudar a detener los patrones autodestructivos que tanto daño hacen a nuestro bienestar mental y físico.

Explorar nuestro pasado es la clave para desbloquear los obstáculos del presente

No hay nada que sustituya a un buen terapeuta, pero puedes hacer mucho bien simplemente abriéndote a ti mismo de forma brutal y aceptada. El objetivo es aprender a soltar el pasado, en lugar de dejar que te defina. No hay un único camino para ello, pero hay algunas técnicas que pueden ayudar.

La primera es identificar los desencadenantes que te mantienen vinculado negativamente al pasado. Se trata de los comportamientos, personas o hábitos que hacen aflorar todo lo malo que te hace sentir mal y poco querido. Cuando conoces tus desencadenantes, empiezas a ver los pasos de las trampas y puedes evitarlos antes de que te encuentres en la catástrofe.

Aprender a identificar los factores desencadenantes y los patrones antes de que se produzcan también nos permite liberarnos de las ilusiones que están en el centro de nuestra dependencia emocional. Cuando empiezas a retirar las tapas y a ver las razones de tus reacciones, empiezas a ver el mundo tal y como es y no como quieres que sea. Este es el secreto para encontrarnos a nosotros mismos. Sin embargo, primero tenemos que ponernos en el mismo plano, y eso suele ser lo más difícil.

. . .

El desapego como liberación

La mente humana es una maestra a la hora de convencernos de que necesitamos más de lo que realmente necesitamos. Esto es cierto también cuando se trata de nuestras relaciones, y de ese sentimiento de amor que tantos de nosotros anhelamos desesperadamente.

Al llegar a ver el desapego como una forma de liberación, puedes liberarte de la constante necesidad de amar y ser amado. Si bien el deseo es algo que a menudo puede dirigirnos hacia las cosas que nos dan alegría, también puede ser un compañero de cama peligroso, que nos lleva en dirección a cosas que nos destruyen en lugar de construirnos.

El hecho de que tengas un deseo por algo no significa que éste añada valor a tu vida. Cuando ves tu deseo como una parte de ti mismo, no tienes más remedio que actuar. Sin embargo, verlo alejado de ti, como un impulso que es básico para todos los animales, puede tener un verdadero poder transformador por sí mismo.

Es posible soltar nuestros deseos desviando deliberadamente nuestra atención de aquellas cosas que nos hacen caer obsesivamente en la "trampa de la necesidad". Si nuestros deseos surgen de la resistencia, entonces tómate el tiempo de sentarte y tratar con ellos y sus fundamentos.

Separarse de los deseos es una experiencia interesante de elección; encontrar las líneas entre los deseos que deben ser obedecidos y los que pueden ser descartados. La respuesta podría sorprenderte.

Desarrolla un poco de paciencia

Parte de abrazar tu independencia emocional es mejorar las habilidades y elevar las cosas que puedes hacer por ti mismo.

El desarrollo de habilidades lleva tiempo y requiere compromiso y la resolución de no comprometerse nunca.

Pero, sobre todo, requiere paciencia, porque, como se dice: "Roma no se construyó en un día".

Cultiva la paciencia en tu vida y trata de tener una mayor paciencia para el viaje de la vida en general. No siempre es un camino de rosas, pero cualquier circunstancia siempre tiene su lado bueno. Cuanto antes llegues a tener esta paciencia, antes podrás ponerte a desarrollar las habilidades que necesitas para prosperar por ti mismo.

Deja de lado las expectativas idealistas

La dependencia emocional nos obliga a ver el mundo de forma muy sesgada. Cuando dependes de otra persona de esta manera, te vuelves más propenso a poner excusas por su mal comportamiento (o peor aún) a poner excusas por el tuyo.

Este idealismo ingenuo es necesario para existir en un mundo en el que sólo lo externo puede hacerte feliz. El mayor peligro de este tipo de ilusiones es que nos obliga a engañarnos a nosotros mismos y a alejarnos de la realidad.

La necesidad de que alguien sea la persona adecuada para ti facilita que no tengas en cuenta la evidencia de lo contrario y a menudo puede dar lugar a que te mantengas encadenado a las cosas que son contraproducentes para tu crecimiento o peligrosas para el bienestar mental y físico.

Aunque la lealtad es algo hermoso, la ilusión no lo es. Para liberarte de tu dependencia de otras personas tienes que empezar a ver las cosas -y las personas- por lo que realmente son y no por lo que tú quieres que sean.

Consejos para dejar de lado los falsos ideales: Deja de confundir la amabilidad con la amistad. No confundas la amistad casual con la lealtad. Deja de hacer favores con la suposición de que esos favores serán devueltos, Deja de confundir la curiosidad romántica con el interés romántico.

Deja de confundir tus necesidades con las responsabilidades de los demás

Nadie más en el mundo es responsable de tu felicidad sino tú. Mientras que las actitudes de tu infancia pueden haber dependido de tus padres o tutores, la actitud que tengas a partir de este momento depende de ti.

Uno de los pasos más importantes en nuestro camino en la vida es llegar a aceptar que nuestras necesidades no son responsabilidad de otra persona. Es tentador enfadarse cuando alguien nos vende mal, pero esa no es la solución para llegar a donde tenemos que ir.

Las verdaderas respuestas están en aprender que hay limitaciones en toda relación, amistades y enredos románticos incluidos. Puedes pedir ayuda todo lo que quieras, o depender de alguien para ser feliz, pero al final del día no pueden darte algo que no tienen.

Creer que alguien "debería" ayudarte a sentirte mejor contigo mismo es un error de proporciones épicas. Cuanto más tiempo pases viviendo tu vida bajo esta creencia, más miserable serás. Cuanto antes te enfrentes a la realidad y afrontes el hecho de que sólo tú eres responsable de tu felicidad, más alegría encontrarás en los pequeños momentos de tu vida.

Evita dejarte llevar por el deseo

El deseo es una emoción poderosa y, sepamos o no evitar su atracción, la tentación que ofrece puede ser demasiado fuerte. Nos dejamos llevar por nuestras ideas de cómo debería ser la vida, y cuando no conseguimos las cosas que queremos la decepción nos hiere. Evita esta herida negándote a dejarte llevar por el deseo.

Observa qué es lo que te hace entrar en ese anhelo y desarrolla las técnicas que necesitas para resistir las tentaciones que no se ajustan a tu auténtico ser. Concéntrate en un sentido saludable de autocontrol, desprendiéndote de los deseos insanos y de los actos que no merecen la pena y que te llevan a cometer.

Un efecto secundario común del deseo es la fijación, pero esta obsesión nos hace perder el contacto con los valores que nos hacen ser quienes somos. Detén la fijación antes de que empiece conociendo tus desencadenantes y cómo controlarlos.

Consejos para mantener el deseo bajo control: No confundas los traumas o el dolor de la infancia con que alguien es "adecuado" para ti. No confundas lo que sientes por alguien con saber quién es en realidad. Deja de confundir la atracción con un "ajuste saludable".

Deja de amar una impresión de alguien en lugar de lo que realmente es.

Dejar de lado la necesidad de controlar a los demás

Aunque a menudo confundimos a las personas emocionalmente dependientes con personas pasivas o sumisas, no siempre es así. Los que son emocionalmente deponentes pueden ser tan manipuladores y controladores como los que no lo son. Todo se reduce a soltar esa necesidad de control.

Cuanto menos te sientas capaz de hacer por ti mismo, más llegarás a exigir que los demás hagan esas cosas por ti. Esto puede conducir a la manipulación emocional y a una obsesión por el control que es perjudicial no sólo para nosotros mismos, sino también para nuestros seres queridos.

Aunque tengas una razón noble para querer controlar a otra persona, manipular los sentimientos y las acciones de otra persona está mal. Controlar a otras personas es contraproducente para nuestra felicidad y, de hecho, aleja a nuestras parejas al obligarlas a vernos como las personas rotas que somos, incapaces de controlarnos a nosotros mismos o a la forma en que sentimos las cosas que suceden en nuestras vidas.

. . .

El comportamiento de los demás es imprevisible e incontrolable. Tratar de hacer lo contrario no trae más que más infelicidad a nuestras vidas. Deja de lado tu necesidad de controlar e influir en los demás ejerciendo ese control e influencia sobre ti mismo. Si no puedes controlar tus propias emociones y comportamientos, después de todo, ¿cómo diablos vas a controlar a los demás? (Pregunta capciosa: no puedes.)

Poniendo todo junto...

Escapar de la muleta de la dependencia emocional no es fácil, pero es necesario para encontrar la fuerza que necesitamos para sobrevivir a esta loca montaña rusa llamada vida.

Es posible aprender a superar nuestra dependencia emocional cuando nos detenemos a echar una mirada dura y honesta a los traumas e historias que conforman lo que somos. Si volvemos a ponernos en contacto con nuestro niño interior y curamos las heridas del pasado, podemos volver a encontrar quiénes somos y dar pasos firmes hacia un futuro del que podamos sentirnos orgullosos. Dejar de necesitar a los demás es difícil, y lo es aún más en un mundo que nos dice que necesitamos amor externo para prosperar.

. . .

Abandona esa mentira y ten el valor de vivir con valentía en tu verdad. Hay un camino de curación para ti, pero tienes que ser lo suficientemente fuerte para recorrerlo por ti mismo.

Cómo llegamos a esto

Esta forma de pensar suele empezar en la infancia.

Dependemos de nuestros padres para satisfacer nuestras necesidades emocionales: amor, consuelo, apoyo, validación, etc. Y no solemos desarrollar habilidades de autosuficiencia emocional cuando somos niños, porque los padres (por amor a nosotros) hacen todo lo posible para satisfacer todas estas necesidades.

Y entonces nos convertimos en adultos, sin haber aprendido la autosuficiencia emocional. Y entonces buscamos a otra persona para cubrir nuestras necesidades emocionales.

Buscamos la pareja perfecta, y probablemente pasaremos por unas cuantas rupturas, porque no somos emocionalmente independientes, y entonces hacemos cosas necesitadas que dañan una relación, y nuestra pareja probablemente sea igual.

. . .

Si alguna vez nos hieren, culpamos a la otra persona por hacernos daño. Si no están ahí para nosotros, los culpamos.

Si nos pasa algo malo, nos convertimos en víctimas, porque no puedes seguir adelante con tu vida si alguien te ha hecho algo malo, ¿verdad?

Sin embargo, hay una solución. Tenemos que aprender esto: La felicidad no está fuera de nosotros mismos.

5

Inducir La Dependencia Emocional

LA GENTE SE "ENGANCHA" emocionalmente a aquellas personas que realmente pueden satisfacer su interminable necesidad de comprensión humana. La clave para conquistar a quien quieres es conseguir primero que esa persona se vuelva emocionalmente dependiente de ti, y no al revés.

A medida que aprendas a satisfacer la necesidad emocional de comprensión de una persona, con el tiempo descubrirás que se vuelve emocionalmente dependiente de ti.

¡Esté allí (en persona)!

Ponte a disposición de la persona que deseas.

. . .

A veces, el amor más grande se encuentra, no porque salimos a buscarlo activamente, sino porque alguien nos empujó en un momento en el que pensábamos que aún no estábamos interesados.

Cuando la gente está preparada para enamorarse, siempre será de alguien que esté relativamente cerca. Por eso, estate ahí para la persona que quieres, incluso cuando parezca que no te necesita o no te quiere, ya llegará el momento en que necesite a alguien y tú estarás ahí para intervenir.

Escuchar de forma reflexiva

La gente quiere a alguien en quien pueda confiar. Imagínese la felicidad que supondría que al menos otra persona conociera y comprendiera realmente lo que está pasando. Parece que a muchas personas les cuesta revelar sus verdaderos pensamientos y sentimientos a los demás.

¿Qué puedes hacer para ganarte la confianza de alguien y romper las barreras de la comunicación? Puedes utilizar un método conocido como escucha reflexiva.

Permanece en silencio mientras la otra persona habla. No intentes interrumpir. Deja que la persona hable todo lo que quiera.

Cuanta más disposición muestres para dejar que la otra persona se exprese plenamente, más ayudarás a satisfacer su necesidad emocional de ser comprendida.

Mantén tu cuerpo quieto. Mover el cuerpo transmite impaciencia y desinterés por tu parte.

Cuando el orador haga una pausa para reconocer que realmente estás escuchando y entendiendo, simplemente asiente con la cabeza.

Mantenga la mirada fija en el interlocutor mientras éste habla. No mirar a la persona implica que realmente no te interesa lo que está diciendo.

De vez en cuando, cuando la persona haga una pausa para recibir alguna respuesta de tu parte, resume brevemente lo que crees que está tratando de decir. Intenta describir sus sentimientos con más precisión que ellos mismos.

Este proceso ayudará al interlocutor a identificar más claramente sus propios sentimientos, al tiempo que experimenta una sensación de unidad con usted.

. . .

No proporciones ninguna evaluación u opinión sobre las actitudes o los sentimientos expresados por la persona. No critiques. Cualquier opinión tuya puede hacer que la persona se arrepienta de haberse sincerado contigo.

Evite ser crítico

La experiencia ha demostrado que el único resultado previsible de las críticas es el debilitamiento de la confianza en las relaciones humanas. Es cierto que, en ocasiones, una persona se toma a pecho un comentario crítico y enjuiciador y realiza algunos cambios beneficiosos gracias a él. Pero eso hace que esté menos dispuesta a abrirse y ser vulnerable con la persona que la ha criticado. Y si lo que se pretende es el amor de alguien, esta pérdida de confianza es completamente autodestructiva. Si realmente necesitan que se les señalen sus defectos, bien. Deja que lo haga otra persona.

Evita utilizar la palabra "¿por qué?". La palabra "¿por qué?" crea una respuesta defensiva automática. Al utilizarla, exigimos involuntariamente a los demás que se justifiquen ante nosotros.

Evita dar consejos. Los hombres sabios no lo necesitan, y los tontos no lo van a aceptar. Lo que realmente necesitan es alguien que los escuche reflexivamente. Por lo general, la gente ya sabe, en el fondo de su mente, lo que debe hacer.

Evite criticar mientras afirma que no es su intención. Por ejemplo, "No pretendo que esto sea una crítica, pero...". Esta puede ser la peor forma de crítica.

Expresar una admiración y un elogio genuinos

La intensidad de los sentimientos de amor que una persona experimentará hacia otra en una relación se produce en proporción directa a lo importante y valiosa que cree que es a los ojos de esa otra persona.

Cuanto más importante sienta una persona que realmente es para ti, más fuertes y profundos serán sus sentimientos recíprocos de amor, dependencia y apego hacia ti.

6

Ser Emocionalmente Autosuficiente

No DE UNA manera loca y desesperada, sino de la manera en que muchos de nosotros lo estamos. Quería que otra persona me hiciera feliz, culpaba a los demás de mi infelicidad, buscaba satisfacer mis necesidades emocionales a través de otros.

Esto causó todo tipo de problemas que ni siquiera me di cuenta de que existían: Tenía problemas de relación porque si la otra persona no satisfacía mis necesidades, me resentía.

Me sentía infeliz la mayor parte del tiempo, porque pensaba que la felicidad estaba fuera de mí y, por lo tanto, era poco fiable y esquiva. Me sentía impotente, porque si se suponía que los demás debían hacerme feliz y satisfacer mis necesidades, ¿qué podía hacer si no lo hacían? ¿Qué podía hacer si me hacían daño?

. . .

Sólo en los últimos años me he vuelto más autosuficiente emocionalmente. Ha mejorado mis relaciones y ha aumentado mucho mi felicidad.

Ponte a prueba

¿Es usted emocionalmente dependiente? Hágase estas preguntas:

¿Buscas una pareja romántica que te haga feliz?

Si tienes una pareja, ¿buscas a esta persona para que le dé amor, sexo, apoyo, seguridad o validación?

¿Te molesta que tu pareja no reaccione de una manera determinada, que no satisfaga una necesidad?

Cuando estás solo, ¿sientes la necesidad de llenar el vacío de la soledad con distracciones?

¿Siempre estás con el teléfono cuando estás solo?

¿Te quejas mucho de los demás?

¿Te enfadas por las cosas que hacen?

¿Es tu relación de pareja el centro de tu universo? ¿Y tu relación con los amigos o con tus hijos?

¿Te molesta que tu pareja haga algo que no te incluya, o que elimine algo que habéis estado haciendo juntos?

¿Te pones celoso?

Esta lista no es exhaustiva, por supuesto, pero es probable que algunos de ustedes se vean reflejados en un par de esas preguntas (o más), si son completamente sinceros.

· · ·

Y eso no significa que seas una mala persona. Yo mismo sigo teniendo algunos de estos problemas, aunque estoy mejorando. La mayoría de la gente tiene algunos de estos problemas, aunque muchos no lo admiten porque les preocupa que les haga quedar mal. A nadie le gusta parecer malo, ni pensar que lo es. Pero tener alguno de estos problemas no te hace malo, simplemente es lo que eres en este momento.

Sin embargo, aunque no se trata de ser una "mala persona", creo que las habilidades de autoconfianza emocional son útiles para aprender. Pueden transformar tus relaciones y tu felicidad.

PASOS PARA SER EMOCIONALMENTE INDEPENDIENTE

Inserta cualquier cosa que te gustaría que ocurriera. ¿Has hecho alguna vez una declaración como ésta?

Tal vez pienses que podrías sentirte más feliz si alguien a quien admiras te aprueba, si tu relación cambia o si tu pareja empieza a hacer las cosas a tu manera. Este sentimiento es muy común: es la idea de que nuestra felicidad depende de algo externo a nosotros. Esto se conoce como dependencia emocional; es cuando nuestros sentimientos y nuestra autoestima se basan en factores externos como lo que otra persona siente por nosotros.

Pero si queremos encontrar una sensación de paz en nosotros mismos y en nuestras relaciones, es importante dejar de lado la dependencia emocional y pasar a la independencia emocional.

¿Qué es la independencia emocional?

La independencia emocional es la capacidad de regular tus emociones y seguir sintiéndote bien contigo mismo incluso cuando se presentan situaciones difíciles. También es la práctica de ser capaz de regular tus emociones sin buscar la aprobación, la atención y la validación constantes de otra persona.

Una de las desventajas de la dependencia emocional es que, cuando las cosas no suceden a nuestro favor, es probable que nuestro estado de ánimo y nuestros sentimientos de autoestima se vean afectados negativamente. Funcionar de este modo afecta a nuestra sensación de paz porque los factores externos a nosotros fluctúan continuamente. La opinión de la gente sobre nosotros está fuera de nuestro control.

Los que son emocionalmente independientes no suelen tener que buscar fuentes externas a ellos para saber que están bien. Por supuesto, es normal querer tener la validación de los que amamos.

. . .

Pero la dependencia emocional cruza una línea cuando nuestra autoestima y autovaloración dependen de lo que otras personas sienten por nosotros. La independencia emocional es la capacidad de tener el equilibrio entre prestar atención a lo que ocurre fuera de ti y tener cierto control sobre tu respuesta a esos acontecimientos. Con la independencia emocional, tu sentido del yo permanece intacto gracias a tu creencia inherente en ti mismo.

Las personas que poseen independencia emocional son capaces de cultivar una sensación de felicidad y paz a pesar de lo que pueda ocurrir en sus vidas y relaciones. Esto no quiere decir que nunca les afecten las cosas que suceden fuera de ellos, pero siguen teniendo un sentido de lo que son y pueden satisfacer sus propias necesidades internamente.

Cómo llegar a ser emocionalmente independiente:

Practica la atención plena

Mindfulness es el acto de prestar atención al momento presente. Es la conciencia de lo que ocurre dentro de ti (pensamientos, sentimientos, sensaciones) y fuera de ti (situaciones y otros factores externos) sin juzgarlos como buenos o malos.

. . .

Practicar el mindfulness puede ayudarte a construir tu independencia emocional porque puede ayudarte a aumentar tu conciencia en torno a tus reacciones y respuestas cuando las cosas no suceden como estaba previsto. No podemos curar aquello de lo que no somos conscientes. Por lo tanto, el mindfulness puede ayudarnos a aumentar la conciencia en torno a los patrones de comportamiento y pensamientos que mantienen la dependencia emocional.

Identifica tu "por qué"

Puedes empezar por utilizar estas preguntas como estímulos en tu diario para profundizar en los motivos por los que quieres desarrollar tu capacidad de recuperación interna.

¿Por qué es importante que te independices emocionalmente?

¿Cómo te sientes cuando tienes que depender de otros o de cosas externas a ti para sentirte mejor contigo mismo?

¿Cómo ha sido esta experiencia para usted?

. . .

¿Qué significa para usted llegar a ser emocionalmente independiente, y cómo cree que cambiará su vida como resultado de ser capaz de tener más control sobre sus estados emocionales?

Tener claro tu "por qué" te servirá como factor de motivación para seguir haciendo el trabajo necesario para ser más independiente emocionalmente. Reajusta tu forma de pensar.

Escribe los pensamientos y creencias que te mantienen emocionalmente dependiente. Por ejemplo: "Necesito que los demás se sientan bien conmigo para poder sentirme mejor" o "Necesito que las cosas salgan como yo quiero para sentirme en control de mi vida".

Cuando te encuentres con este tipo de pensamientos (también conocidos como pensamientos negativos automáticos), practica para sustituirlos por algo neutro y adaptativo como "Puedo manejar los sentimientos difíciles que surjan" o "Soy capaz de sentirme bien conmigo mismo a pesar de lo que otra persona pueda sentir por mí".

Ser capaz de sustituir los pensamientos negativos automáticos por afirmaciones alternativas y adaptativas puede ayudarte a recablear tu pensamiento.

· · ·

Practica la autocompasión

Pregúntese qué está evitando al depender emocionalmente de otra persona. ¿Es la soledad, la tristeza, el miedo al rechazo? Presta atención a lo que subyace al hecho de sentirse emocionalmente dependiente de otra persona y dales compasión a los sentimientos subyacentes. Esto es lo que podría sonar a dar compasión a uno mismo: "Está bien experimentar tristeza y soledad. No hay nada malo en mí por sentirme incómodo con el rechazo".

Cuando podemos sentarnos con los sentimientos subyacentes que impulsan la dependencia emocional y dar a esos sentimientos amor y compasión, entonces podemos aumentar nuestra capacidad de tolerar las emociones difíciles sin tener que calmarlas buscando la aprobación de otra persona. En el sentido de la palabra, practicar la autocompasión es una forma de autocalmarnos cuando nos sentimos abrumados por las emociones.

Aprender a autovalidarse

A menudo, la dependencia emocional se entrelaza con el hecho de complacer a la gente. Esto se parece a encogerse y cambiar sus límites para acomodar a otra persona.

. . .

Practicar la autovalidación significa que te das permiso para sentir tus sentimientos y que aceptas tus pensamientos y emociones. Esto es lo que podría sonar: "Mis sentimientos tienen sentido. Está bien sentir lo que siento. Me permito poner límites".

La autovalidación es útil para dar espacio a tus sentimientos. Si te cuesta autovalidarte, la próxima vez que busques la validación de otra persona, pregúntate: "¿Qué es lo que me gustaría escuchar de esta persona?". Luego practica cómo decirte esas palabras a ti mismo.

Practica el dejarse llevar

La dependencia emocional es cuando sentimos que no podemos estar bien a menos que otra persona esté bien con nosotros. Practicar el dejar ir significa soltar la necesidad de controlar lo que los demás sienten por nosotros para poder estar bien con nosotros mismos. Al aprender a soltar estas expectativas, también estamos asumiendo la responsabilidad de nuestros sentimientos sin hacer a otra persona responsable de ellos. Esta es una verdadera forma de aceptación en la que podemos reconocer que los demás tienen derecho a sus propios sentimientos hacia nosotros, pero esto no cambia el núcleo de lo que somos y de lo que sentimos por nosotros mismos.

. . .

Pasar de la dependencia emocional a la independencia emocional puede ser difícil, sobre todo si venimos de una infancia que nos invalida. La buena noticia es que aprender a ser emocionalmente independiente es una hazaña posible que se consigue con paciencia y práctica.

CÓMO LA DEPENDENCIA EMOCIONAL PUEDE LLEVAR AL ABUSO EMOCIONAL

Siendo, como somos, animales sociales, es natural que exista una cierta dependencia emocional en nuestras relaciones, que nos hace necesitarnos unos a otros. El problema surge cuando una persona se deja controlar por esa necesidad, porque se traduce en un miedo a la pérdida, a la soledad o al abandono, que corrompe el vínculo efectivo hasta hacerlo vulnerable y patológico desde el punto de vista psicológico. El amor no debe significar la entrega sin reservas, ni, la sumisión. Cuando una persona controla a la otra puede, desgraciadamente, desembocar en un abuso emocional.

¿Qué es la dependencia emocional?

Aunque la dependencia emocional no es estrictamente un trastorno psicológico, es una fuente de numerosos problemas psicológicos y de estrés en las relaciones personales, especialmente en el ámbito de las relaciones efectivas, las personas que establecen relaciones basadas en la dependencia emocional no son conscientes de ello, a pesar de los numerosos trastornos que pueden desarrollar, como la depresión, los trastornos psicosomáticos, los ataques de ansiedad u otros trastornos de ansiedad. La dependencia emocional lleva a una persona a someterse a la otra, no sólo cuando ésta le proporciona afecto y seguridad, sino incluso en los casos en que el rechazo y el desprecio son habituales. El argumento que utilizan es que, en cualquier caso, "lo más importante es no perder la compañía del otro".

Es importante diferenciar entre la dependencia instrumental y la dependencia emocional. La dependencia instrumental se caracteriza por:

- falta de autonomía en la vida cotidiana inseguridad
- escasa capacidad de decisión
- no se responsabiliza de nada
- una lucha por desarrollarse eficazmente.

La dependencia emocional, en cambio, está determinada, sobre todo, por elementos afectivos y motivacionales hacia la persona en la que la persona dependiente se apoya como fuente de satisfacción y seguridad personal. Es por ello que la dependencia emocional no implica incapacidad o necesidad de ayuda o protección en otros aspectos de la vida. Según algunos autores, la dependencia emocional podría definirse como un patrón de demandas efectivas insatisfechas que llevan a la persona a buscar satisfacerlas desesperadamente con relaciones interpersonales cercanas.

Personas emocionalmente dependientes

La madurez psicológica implica, entre otras cosas, el conocimiento y la aceptación de las propias capacidades y limitaciones, la autonomía en la toma de decisiones y la competencia en la gestión de las emociones y las relaciones interpersonales.

La persona emocionalmente dependiente deja su autoestima en manos de otros, es decir, de aquellos de los que depende.

En lugar de basar la autoevaluación en sus propios criterios, lo hace en los de los demás, lo que otorga un enorme poder a las personas de las que depende. Las evaluaciones y reacciones de los demás generan intensas reacciones emocionales y determinan, en la persona dependiente, si se siente aceptada o no. Esto provoca altibajos emocionales.

DIAGNÓSTICO DE DEPENDENCIA EMOCIONAL

Para un buen diagnóstico del problema, es necesario conocer las circunstancias desadaptativas tempranas de quienes han desarrollado la dependencia emocional. Estas estarían vinculadas a las experiencias de la infancia y permite conocer su historia de relaciones y vínculos afectivos.

Sólo a partir de este conocimiento es que la psicología clínica puede intervenir con éxito para ayudar a la persona dependiente:

- Modificar su forma de interpretar las situaciones interpersonales
- Gestionar las dudas y el miedo al rechazo
- Ayudarles a establecer relaciones personales sanas

7

Tratamiento de la dependencia emocional

AFORTUNADAMENTE, con un tratamiento psicológico adecuado, cualquier persona dispuesta a cambiar puede superar su dependencia emocional, empezar a tomar las riendas de su vida, de sus relaciones personales y recuperar un estado de ánimo positivo. Los objetivos de la terapia deben ir encaminados a potenciar los recursos de la persona dependiente en cuanto a su autoestima, asertividad y capacidad de realización personal fuera del ámbito de la relación. Para mejorar la autoestima, se orienta a la persona para que mejore y sustituya el sesgo negativo en su autoevaluación, para que empiece a satisfacer adecuadamente sus necesidades y valore sus logros.

La persona dependiente emocional también necesita entender la asertividad. La asertividad es la capacidad de defender los propios derechos, respetando los de los demás, expresando opiniones, sentimientos, rechazando demandas inapropiadas, de forma clara, directa y oportuna.

La asertividad se encuentra en medio de los dos extremos negativos: la pasividad o sumisión, en un extremo, y la agresividad, en el otro. Otros objetivos importantes de la terapia psicológica son animar y orientar a la persona dependiente a tener relaciones familiares y de amistad, así como románticas, y a tener también aficiones.

SEÑALES DE QUE SU RELACIÓN ES UNA DEPENDENCIA EMOCIONAL INSANA EN LUGAR DE AMOR

Es difícil definir el amor. Cada uno tiene su propia percepción del sentimiento, pero no se puede expresar con palabras. Depende enteramente de las emociones que uno siente por su pareja.

¿Pero qué ocurre cuando este sentimiento está hecho puramente de dependencia emocional extrema? ¿Será entonces amor?

A menudo, a las personas les resulta difícil diferenciar sus sentimientos de amor de la dependencia emocional. Pero el hecho de que no puedas distinguir la diferencia, no significa que no exista. Una relación de este tipo es mejor dejarla atrás, porque puede llevar al desamor y arruinar tu vínculo con esa persona.

. . .

Así que, si tú también sospechas que estás en una relación que implica una dependencia emocional extrema, entonces estas señales te ayudarán a saberlo con seguridad.

No les dejas pasar tiempo con nadie más

En una relación, ambos miembros de la pareja deben ser individuos libres. Pueden tener sus propios gustos o intereses. Si uno de los dos se pone extremadamente celoso cuando ve al otro pasar tiempo con sus amigos o su familia, significa que no soporta la idea de que invierta su tiempo en otra cosa. Y eso no es sano.

Tienes problemas de confianza

Si te preocupa constantemente que tu pareja te deje por otra persona, eso no es amor. Todas las relaciones funcionales requieren amor y confianza para prosperar; si estos sentimientos faltan, entonces significa que estás dependiendo demasiado de tu pareja.

Te cambias a ti mismo por ellos

Cambias tus rasgos, tus gustos e intereses por ellos.

. . .

Si antes te gustaba viajar y ahora te encierras en una habitación los fines de semana sólo porque a tu pareja no le gusta viajar. Y si lo haces, aunque lo odies, entonces esto está mal. Cualquier cambio que hagas en tu vida que no te haga feliz no es saludable. Si lo haces sólo para buscar la aprobación de tu pareja, entonces definitivamente no vale la pena.

No tienes vida fuera de la relación

Hazte una pregunta, ¿tienes una vida sin tu pareja? ¿Haces algo cuando tu pareja no está cerca?

¿O sólo se enfurruña y piensa en ella? Si la respuesta es afirmativa, se trata de una dependencia emocional extrema.

Tu mundo no puede dejar de existir fuera de tu relación.

Eres un individuo y debes tener tus propias prioridades en las que pensar.

Su validación es importante

. . .

No puedes vestirte, salir con amigos o tomar cualquier decisión importante si no cuentas con la aprobación o validación de tu pareja. Ahora bien, compartir y pedir opiniones es algo bueno, pero eres un individuo y eres perfectamente capaz de tomar decisiones por ti mismo. No debes esperar la aprobación de nadie para hacer las cosas.

Te entra el pánico cuando no puedes contactar con ellos

La idea de vivir un segundo sin ellos te asusta. Necesitas mantenerte en contacto con ellos todo el tiempo. Ya sea mediante mensajes de texto, llamadas telefónicas o incluso correos electrónicos. Tu pareja tiene una vida y tú también, es importante mantener ese espacio. Si te parece mal, ya sabes a qué nos referimos.

Usted ha fijado las expectativas

Siempre tienes un estándar de expectativas de tu pareja, y ellos tienen que cumplirlo. Intentas que cambien de acuerdo con tus expectativas. Está bien tener ciertas expectativas de tu pareja, todo el mundo las tiene. Pero lo que no está bien es que dejes de quererla si no las cumple. Las decepciones no deben aplastarte ni hacer que ames menos a tu pareja.

. . .

Trata de controlarlos

Si te gusta tener un poco de control sobre tu pareja, entonces está mal. Pedir algo es perfectamente correcto, pero controlar a alguien no lo es. Además, no deberías enfadarte y distanciarte cuando no hacen lo que deseas. Así no funciona una relación, no puedes vivir sin ellos. Si tienes sentimientos similares, o intuyes que tu pareja se siente así, es mejor que hables de esas inseguridades y las saques de tu vida. Porque no te llevarán No debes sentir que no tienes vida sin tu pareja.

Tienes tus propias necesidades. Al final, uno de vosotros saldrá herido y esto estropeará lo que tú y las necesidades, también debes pensar en ellas. Si realmente sientes que nunca serás capaz de recuperarte o seguir adelante en la vida si tu pareja te deja o fallece, entonces esto amigo mío, es dependencia emocional.

CÓMO ACABAR CON TU DEPENDENCIA EMOCIONAL

Depender emocionalmente de tu pareja es peligroso.

Aprende a superarlo antes de que deshaga tu relación.

. . .

Cómo Lidiar con el Apego Emocional

Cuando permitimos que nuestra felicidad dependa demasiado de otra persona, puede tener algunas consecuencias peligrosas para nuestra tranquilidad y bienestar. La dependencia emocional es un verdadero reto y una verdadera dificultad a superar. Hace falta mucho valor para aprovechar las fuerzas que nos ayudan a ir más allá de nuestra necesidad de los demás, pero es necesario para que podamos alcanzar nuestro verdadero potencial.

Tener cierta dependencia emocional en nuestras parejas es normal, pero cuando nuestra felicidad llega a depender de ellas, se convierte en algo desequilibrado y poco saludable.

Es fundamental que nuestra pareja nos ofrezca apoyo cuando lo necesitamos, pero todo lo que no sea eso puede ser paralizante.

Aprender a valerse por sí mismo es doloroso, y requiere enfrentarse a algunas verdades incómodas y traumas que quizá prefieras dejar enterrados. Sin embargo, encontrar nuestra presencia y descubrir la fuerza para valernos por nosotros mismos es algo hermoso, y algo necesario para encontrar nuestro camino hacia la verdadera felicidad.

Cómo saber si tienes un problema de dependencia emocional

. . .

A menudo, confundimos nuestros sentimientos de obsesión o dependencia con sentimientos de amor o atracción.

Es fácil perderse en esos sentimientos y, si no se identifican correctamente, perder la autenticidad en el proceso.

La dependencia no es amor y nunca podrá serlo

Esta idea comienza cuando somos niños, cuando no recibimos el amor adecuado de las personas que más significan para nosotros, y se perpetúa a lo largo del tiempo cuando pasamos de una pareja sin amor a otra. Cuando no recibimos ese amor de niño, lo buscamos constantemente de adulto; el anhelo nunca desaparece, sólo se hace más fuerte.

Cómo empiezan a girar las ruedas de la dependencia

Esta falta de amor conduce a sentimientos de baja autoestima. Esta incapacidad para valorarnos y confiar en nosotros mismos crea un ciclo negativo de necesidad que puede alimentar los trastornos que nos llevan a buscar constantemente la seguridad en los demás. Es el resultado de un chantaje emocional que nos enseña que, para tener valor, tenemos que cumplir expectativas imposibles e incluso deplorables. Una y otra vez, nos ponemos en un papel sumiso, con la esperanza de reducir los años de daño que se han hecho.

. . .

Sin embargo, no es posible ser curado por otra persona.

Tienes que curar a ese niño roto que vive dentro de ti por ti mismo.

Esto comienza con el reconocimiento de que tienes un problema de dependencia emocional y termina con la adopción de las medidas necesarias para corregir esta dependencia y aumentar tu confianza.

Reconocer el problema de sus arraigados traumas y decepciones infantiles

También tienen un sentimiento constante de ansiedad que les hace difícil aceptar los sufrimientos psicológicos y emocionales que acompañan al amor y a la pérdida, así como la necesidad obsesiva de estar cerca de otras personas.

Este tipo de inseguridad extrema también conduce a la inseguridad sobre el futuro y a un miedo obsesivo a perder el amor. En el entorno adecuado, una persona dependiente puede ser generosa, cariñosa y compasiva.

Vivir en este estado constante de cambio y miedo es destructivo para lo que somos en el fondo, pero reconocerlo requiere paciencia.

. . .

El secreto para construir relaciones duraderas no es evitar las heridas del pasado, sino desarrollar las mejores partes de nosotros mismos para el futuro, pero llegar a reconocerlo es difícil.

LOS PELIGROS DE LA DEPENDENCIA EMOCIONAL

Los que tenemos padres y abuelos de la época pasada y del Baby Boomer, conocemos de primera mano los peligros de la dependencia emocional.

Nuestras madres y abuelas venían de una época en la que la dependencia era el único medio de supervivencia para las mujeres. Se les enseñó a basar toda su felicidad en el éxito y la felicidad de las personas que las rodeaban, en lugar de en ellas mismas, lo que les acarreó toda una serie de problemas más adelante, cuando se dieron cuenta de que sus vidas tenían valor.

La dependencia emocional es peligrosa y más aún cuando no la reconocemos a tiempo para evitar sus nefastos patrones. Depender de otros para nuestra felicidad es construir un castillo sobre arenas movedizas. Te estás preparando para el fracaso y te estás preparando para el peligro.

. . .

Una pérdida de autoestima

Aunque la dependencia emocional se deriva de la falta de autoestima, también es un destructor de la autoestima por sí mismo, ya que socava nuestra confianza sutilmente y con el tiempo.

Cuando nos volvemos demasiado dependientes emocionalmente de nuestro cónyuge o pareja, corremos el riesgo de perder a la persona que amamos al pedernos a nosotros mismos. Nuestras inseguridades se compactan y se agravan, carcomiendo nuestra confianza y nuestras relaciones a medida que perdemos el contacto con la persona que éramos al principio de la relación.

Aislamiento y pérdida de habilidades sociales.

Encontrarnos en esas relaciones tóxicas que lo consumen todo puede hacer que nos aislemos y perdamos el contacto con nuestros amigos. Cuando cortamos nuestra conexión con el mundo exterior, perdemos rápidamente las habilidades sociales que son inestimables para nuestra felicidad a largo plazo.

Sentir que estamos atrapados y sin fuerzas nos lleva poco a poco a aislarnos más de las cosas y personas que llenan nuestra vida de alegría. También nos anima a volvernos hacia dentro, alimentando nuestra crítica interior y destruyendo con el tiempo nuestra confianza en nosotros mismos.

Abuso físico y psicológico

Aislarse con compañeros de los que dependemos para todo, desde nuestra felicidad hasta nuestro sustento, amplifica los peligros y la posibilidad de abuso físico y psicológico en una relación.

En algún momento, uno de los miembros de la pareja puede malinterpretar la dependencia del otro como un signo de debilidad. Esta situación puede llevar a un desequilibrio de poder y a que uno de los miembros de la pareja asuma el "papel dominante". Cuanto más tiempo dure el aislamiento, más siniestro puede ser este papel dominante, hasta que uno o ambos cónyuges se encuentren en una situación especialmente peligrosa y destructiva.

No es infrecuente encontrar abusos graves en las relaciones en las que la dependencia emocional es alta. Cuando una persona siente que alguien depende totalmente de ella para ser feliz, le resulta más fácil actuar ejerciendo presión, mintiendo, siendo hostil o incluso despreciando.

. . .

Destrucción del bienestar

La dependencia emocional no es sólo un estado mental. Es un trastorno psicológico verificable que se manifiesta de muchas maneras diferentes y en muchas etapas diferentes de nuestras vidas.

Ser dependiente de otra persona es algo muy profundo, y al ser una parte tan crítica de lo que somos juega un papel importante en lo que respecta a nuestras emociones y bienestar. Las personas dependientes suelen sufrir "estados de ánimo disfóricos" o cambios de humor repentinos que los hacen imprevisibles y difíciles de manejar. También pueden sufrir estados mentales degradados y, a menudo, padecen depresión, estrés, ansiedad y graves sentimientos de culpa, vacío y soledad (a pesar de su situación sentimental).

CÓMO DEJAR SU DEPENDENCIA EMOCIONAL

Desgraciadamente, no hay un libro de reglas rígido cuando se trata de lidiar con la dependencia emocional. En muchos casos, superar los traumas que manifiestan este trastorno requiere ayuda profesional, pero hay pasos que podemos dar para ayudarnos a superar nuestro momento más débil.

. . .

Nota: La dependencia emocional es algo serio. Si crees que puedes estar lidiando con problemas de dependencia, acude a alguien de confianza o a un profesional con experiencia en traumas relevantes.

8

Pertenencia saludable

Nuestra necesidad de los demás

Si reconoces síntomas de amor adictivo o de dependencia insana en ti o en tu relación, no estás solo. En nuestra lucha por acabar con nuestra sensación de aislamiento, dolor e irrelevancia, a menudo nos encontramos atrapados en una red de necesidades.

Necesitamos a otras personas. Recordemos que tenemos tres impulsos biológicos -la lujuria, la atracción y el apego- que lo garantizan. Necesitamos experimentar y compartir el amor para florecer al máximo.

La afirmación de la propia vida, de la felicidad, del crecimiento, de la libertad, tiene sus raíces en la capacidad de amar -en el cuidado, el respeto, la responsabilidad y el conocimiento-. Pasamos ahora de un diagnóstico de los males que pueden asolar una relación a centrarnos en los signos del amor sano.

En nuestra evolución como seres humanos, se está desarrollando una conciencia espiritual de que estamos vinculados con otras personas de una manera muy profunda. La singularidad de cada individuo contribuye al conjunto de la humanidad.

Si pensamos en nosotros mismos como sistemas energéticos individuales, nos damos cuenta de que podemos elegir inhibir nuestra energía o utilizarla de forma destructiva o constructiva. Incluso el amor puede ser una forma de energía que suprimimos o ejercitamos. Los científicos han descubierto el átomo y sus componentes. Ahora se esfuerzan por clasificar la sustancia que hace que las partículas del átomo se adhieran entre sí. Algunos profesores de física sugieren que el amor es también una fuerza tangible, un poder. Este concepto considera que el amor es un poder tan real como la electricidad, una argamasa divina que cementa el universo, una fuerza electromagnética que atrae las partículas de los átomos y les da forma. Tiene sentido saber más sobre cómo amamos: si se trata de un amor inmaduro destinado a aumentar el ego y satisfacer las necesidades, o de un amor maduro que ha evolucionado con el tiempo.

. . .

Estar enamorado significa "estar en medio del amor" y tener el valor de poner amor en todas nuestras relaciones. Una relación amorosa no es un pequeño paquete ordenado. Está viva. Necesita ser alimentada, protegida y educada. Eso significa que tenemos que aprender cómo entrar en una relación, cómo estar en una relación y cómo dejarla ir.

Podemos aprender cómo es una relación amorosa y desarrollar habilidades para ayudar a formar y mantener dicha relación.

Veinte signos de pertenencia saludable

Los signos de una relación amorosa sana son los opuestos al amor, el romance y la adicción al sexo. Veamos algunos de ellos. Una relación que muestra una pertenencia sana:
- permite la unidad y la separación
- tiene límites saludables
- crea una sensación de seguridad
- hace aflorar las mejores cualidades de nosotros mismos y de los demás
- acepta los finales
- está abierto al cambio
- es vital y está vivo
- fomenta la verdadera intimidad
- no tiene miedo de mostrar sus sentimientos
- da de corazón
- acepta las diferencias y limitaciones

- fomenta la autosuficiencia y la autoestima
- sabe lo que es el amor
- acepta y respeta el compromiso
- tiene una línea de fondo
- tiene un alto nivel de confianza
- experimenta una sexualidad sana
- tiene una visión realista del romance
- se preocupa con desprendimiento
- afirma la igualdad y el poder personal de uno mismo y de los demás

Permite la unidad y la separación

Aunque los amantes maduros pueden describir su cercanía como unidad, también tienen un claro sentido de ser individuos separados. Es decir, *se experimenta tanto la unidad como la separación, y no son contradictorias.* Esto permite un estado de euforia negado a los amantes adictivos, que están obsesionados con la relación a expensas del yo.

En el amor adictivo, sentimos que nos consumen, mientras que el amor sano permite la individualidad. Una relación sana permite que cada persona cambie y crezca por separado sin que se sienta amenazada. Esta libertad es posible gracias al respeto y la confianza en la pareja. Los pensamientos y sentimientos individuales se aceptan, no se reprimen.

. . .

El cuerpo y la mente pueden permanecer relajados cuando surgen diferencias y conflictos, porque las diferencias son aceptables y la resolución de conflictos se considera parte de la vida normal y cotidiana. La persona no siente que tiene que ocuparse de los sentimientos del otro, y es lo suficientemente autodirigida como para no asustarse cuando la persona amada está mentalmente preocupada en otro lugar.

Hace aflorar las mejores cualidades de uno mismo y de los demás

Este es un aspecto bastante sutil, pero muy visible y maravilloso, del amor maduro. De hecho, nos invita a una mayor calidad de vida, ya que insta desde lo más profundo de nosotros a las más altas cualidades humanas: respeto, paciencia, autodisciplina, compromiso, cooperación, generosidad y humildad. Una de las ventajas de sentir las sustancias químicas del placer en una nueva relación amorosa es que parece sacar lo mejor de nosotros. Somos más divertidos, habladores, comprometidos, románticos, considerados y generosos. Escuchamos lo que los demás tienen que decir, nos disculpamos cuando herimos a alguien y, en general, somos más amables.

En otras palabras, si te sientes especial, sereno y bien contigo mismo cuando estás cerca del objeto de tus afectos, y estos sentimientos están presentes la mayoría de las veces, se trata de una relación sana.

. . .

Todos tenemos nuestros días malos y decimos y hacemos cosas de las que luego nos arrepentimos, pero si la relación es segura y nos apoya, nos recuperamos, nos enmendamos y seguimos con nuestra vida. Cuanto mejor sea nuestra autoestima, más fácil será asumir nuestros defectos y no proyectarlos en los demás. El reto es recordar cómo eras cuando acababas de empezar la relación y que esas son *tus* cualidades a desarrollar incluso cuando el subidón empieza a decaer.

Acepta finales

La muerte de una relación es dolorosa, pero las personas maduras se respetan a sí mismas -y a veces a sus parejas- lo suficiente como para afrontar el fin del amor. Las personas maduras saben dejar atrás las relaciones insalvables, del mismo modo que son capaces de sobrevivir a las crisis en las relaciones sanas. Incluso en su dolor, no dudan de que volverán a amar algún día. Podemos sobrevivir al dolor, aunque no se puede negar su poder sobre nosotros.

El amante herido debe superar la tendencia natural a reaccionar con ira, miedo, celos y pánico. Tenemos el poder de superar el dolor y la pena, y de volver a perdonar y amar.

Parece difícil, y lo es.

. . .

Se necesita el lado espiritual de uno para superar la fuerte y autodestructiva regla del dolor y la ira. Con el tiempo, las personas maduras son capaces de aceptar la realidad - incluso cuando duele- y pasar al siguiente capítulo de sus vidas.

La siguiente historia revela un hecho importante: *ser soltero también es sagrado.* A menudo, una persona permanecerá en una relación intensamente destructiva para evitar el dolor de terminar o el miedo al fracaso. Aunque tenemos la responsabilidad de honrar los compromisos y hacer lo que podamos para sanar nuestra mitad de la relación, no debemos avergonzarnos de permanecer en las relaciones a toda costa. *Debemos aprender a diferenciar cuando una persona deja o se queda en una relación por las razones correctas de cuando una persona deja o se queda por las razones equivocadas.* Hay una diferencia. Una persona sana sabe cuándo es suficiente, cuándo es el momento de dejar ir.

La historia de César

"Después de diez años de matrimonio, descubrí que mi mujer tenía una aventura. Fui demasiado débil para enfrentarme a ella. Cada vez que sacaba a relucir nuestros problemas de pareja, ella respondía con miradas llenas de fría rabia, de las que yo me apartaba. Entré en una profunda depresión.

. . .

La arrastré a un terapeuta matrimonial y, aunque intenté seguir sus recetas de comportamiento, cada vez me deprimía más. Entonces llegó el día en que decidí acabar con mi vida. Estaba a media hora de llevarlo a cabo cuando algo se movió dentro de mí; por primera vez, miré en lo más profundo de mi alma y encontré allí profundidades y fuerzas que no sabía que existían. La depresión se desvaneció. Busqué a su amante, me enfrenté a él y le amenacé con arruinar su carrera públicamente si no salía de nuestras vidas. Salió.

"Sin embargo, mi matrimonio no mejoró. La rabia de mi mujer iba en aumento porque era incapaz de controlarme. Empezó a exigirme que la llevara a unas vacaciones extravagantes que no podíamos permitirnos. Encontró más y más faltas de las que culparme. Entonces ocurrió algo que rompió mi pasividad. Tuve un sueño vívido en el que estaba atado mientras ella me castraba. El sueño me despertó"-

"Comencé a hacer arreglos en silencio para quedarme con amigos. Entonces me enfrenté a ella, diciéndole que mi alma se estaba muriendo en esta relación y que me iría durante unas semanas para saber si quería volver. A los diez días, ella solicitó el divorcio.

"Así que, a los cincuenta y ocho años, estoy en proceso de divorcio, empobrecida económicamente, pero más en paz de lo que nunca recuerdo haber estado.

Estoy rodeada de amigos comprensivos y solidarios, y cada día es nuevo y hermoso."

Está abierto al cambio

La vida es una serie de cambios y, sin embargo, muchos de nosotros nos aferramos a las personas y cosas conocidas, sin tener en cuenta nuestro deseo interior de crecer como individuos y en nuestras relaciones. La apertura al cambio puede ser arriesgada -incluso puede provocar rupturas-, pero sin ella, una relación perderá su vitalidad.

A menudo, uno de los miembros de la pareja continúa en una espiral de crecimiento mientras el otro se aferra obstinadamente a lo familiar y aparentemente seguro. Eso puede significar problemas.

La historia de Guillermo y Bárbara

Guillermo y Bárbara se conocieron y se enamoraron en la universidad. Vivían con la emoción de descubrir y compartir nuevas ideas y experiencias. Después de casarse, sus vidas empezaron a cambiar lentamente y, de repente, todo se paralizó. Guillermo trabajaba fuera de casa; Bárbara era ama de casa.

. . .

Su estilo de vida de clase media alta, tan diferente de sus ideales universitarios, incluía una agitada vida social y la búsqueda de posesiones materiales. Guillermo asumió su papel de proveedor, leal hombre de empresa y consumidor.

Bárbara actuaba como fiel compañera y apoyaba la carrera de su marido.

Llevaban unos doce años casados cuando el aburrimiento y la inquietud empezaron a abrir una brecha entre ellos. Bárbara, al acercarse a la madurez, ingresó en la escuela de posgrado y una vez más comenzó a ser movida por nuevas ideas y experiencias. Estaba deseando compartirlo todo con Guillermo, pero para su desconcierto, él se resistía y menospreciaba su trabajo escolar. Asustada, Bárbara dejó de hablarle de sus experiencias. Mientras tanto, Guillermo mantenía relaciones extramatrimoniales y empezaba a beber demasiado. Estaba claro que tenían se distanciaron.

Su relación carecía de calidez y entusiasmo. En ese momento, reconociendo que su matrimonio estaba en peligro, buscaron asesoramiento.

Al principio, Guillermo y Bárbara consideraron que el problema era de comunicación, pero descubrieron que era mucho más profundo.

. . .

Como habían descuidado el crecimiento individual en favor de una intensa participación social y la competencia por los negocios y el estatus, su lado espiritual se había estancado.

Tenían la fuerte pero vaga sensación de que les faltaba algo.

A través del asesoramiento, Guillermo y Bárbara aprendieron que, sin apertura al cambio y a la exploración, una relación es como un cuerpo que nunca se ejercita: pierde flexibilidad y poder, se debilita e incluso puede morir.

Es vital y está vivo

Existe un delicado equilibrio entre nuestra necesidad de estabilidad y nuestra necesidad de aventura. Queremos, incluso anhelamos, la sensación de estar "en casa", de sentirnos anclados en nuestras relaciones. Como hemos aprendido, el impulso biológico de apegarse a alguien está grabado en nuestro cerebro. Buscamos la familiaridad, la sensación de estar en un lugar como el que necesitábamos cuando éramos niños. Por otro lado, también anhelamos la libertad de movernos y explorar. La pertenencia saludable es siempre una combinación del impulso de vinculación y el impulso de aventura.

. . .

No sólo necesitamos experimentar la vitalidad, la pasión y el entusiasmo como individuos, sino que una relación también los necesita. Tanto nuestro cuerpo como nuestra psique quieren algunas de las sustancias químicas que nos hacen sentir bien al principio de una relación. Al abandonar el melodrama, las discusiones acaloradas y los encuentros sexuales dramáticos que se dan en el amor adictivo, tendrás que sustituirlos por otra cosa. Además, la forma en que vivimos también crea recuerdos en los circuitos cerebrales de nuestra pareja. Citando al Dr. Daniel Amen, "Si quieres ser una fuerza positiva en el cerebro de tu pareja, es importante plantar las semillas de la emoción, la felicidad, la novedad y la alegría en lugar del aburrimiento, la ira o la inseguridad.

Entre los consejos para mantener una relación vital se encuentran los siguientes:
- Equilibra el compromiso con la espontaneidad.
- Crea romance.
- Haz algo completamente inesperado.
- Haz algo increíblemente considerado.
- Revise e imprima momentos memorables.
- Vive una aventura.
- Nunca te vuelvas aburrido.
- Fomenta la verdadera intimidad

Los sentimientos pueden ser complicados. Y no todos los sentimientos son legítimos. Hay tres tipos de sentimientos:

. . .

1. *Reactivo: un sentimiento* que tiene sentido para una situación determinada. Lo sentimos, elaboramos un plan de acción o sentimos el sentimiento y lo dejamos ir. No nos apegamos al sentimiento. Por ejemplo, nos sentimos tristes cuando termina una relación.

2. *Banda elástica: un* sentimiento desproporcionado con respecto a lo que está sucediendo, y no entendemos por qué. Está relacionado con algún acontecimiento del pasado cargado de sentimientos que hemos guardado y olvidado. En las relaciones, los sentimientos de banda elástica se denominan *desencadenantes* o puntos débiles emocionales. Nos asustamos cuando conocemos a alguien que nos recuerda a la persona que abusó sexualmente de nosotros en el pasado, por ejemplo.

3. *La rabia: nuestro* mal sentimiento favorito. Cuando se desaprueba un sentimiento reactivo como la tristeza, encontramos un sentimiento sustituto que es aceptable para los que nos rodean, como la ira farisaica, la vergüenza, la inadecuación, la soledad, la ansiedad e incluso la falsa felicidad. Un sistema de creencias central, como "soy malo", mantiene vivo el tinglado.

En una relación sana, tenemos la capacidad de autorregular nuestros estados de ánimo, controlar nuestros impulsos, retrasar la gratificación, persistir a pesar de la frustración, motivarnos y tener empatía con los demás. Tenemos la capacidad de leer nuestros sentimientos, distinguir entre las tres categorías de sentimientos, pensar en nuestros sentimientos y actuar en consecuencia.

· · ·

Nos sentimos tristes, pensamos por qué estamos tristes, reconocemos el deseo o la necesidad, le damos voz y nos dejamos llevar. Si la necesidad o el deseo se satisfacen, sentimos alivio. Si no es así, lamentamos la pérdida y seguimos adelante con la vida. Pedir directamente lo que necesitamos o decirle a alguien lo que sentimos es uno de los mayores retos para muchas parejas.

Da desde el corazón

Cuando damos de corazón, experimentamos el dar y el recibir de forma similar. El placer obtenido al dar a quien amamos es tan intenso como el obtenido al recibir de él o ella. En las relaciones amorosas sanas, damos más fácilmente y sin expectativas.

La historia de Julia

La ira y la frustración suelen marcar un punto de inflexión para un dador que da para recibir. En ese momento, el dador puede dejar de dar de forma egocéntrica por frustración y empezar a ser más honesto con su pareja. El marido de una clienta me llamó una vez y me dijo: "Caramba, no sé nada de esta terapia. Mi mujer, Julia, me está poniendo contra las cuerdas. Está enfadada todo el tiempo y se niega a hacer nada por mí". Le dije: "Es sólo una fase, y algún día lo entenderás".

Semanas después, me llamó para decirme: "Tenías razón. Ha vuelto a ser la de antes". En realidad, la mujer, que había estado "dando para recibir", no había vuelto a ser la de antes; era muy diferente. Estaba aprendiendo a dar a su marido, a hacer cosas que le complacieran, no porque esperara nada a cambio, sino porque le amaba de verdad y estaba experimentando la alegría de dar por sí mismo. El enfado y la frustración de Julia por el fracaso de dar para recibir había sido una fase natural, una en la que algunas relaciones se tambalean. Tuvo que aprender a decir no antes de poder decir sí libremente. Por otro lado, dar de corazón es una experiencia profunda que nos anima a ampliar nuestra entrega a los demás.

Una persona ha alcanzado la madurez emocional cuando sabe lo que significa dar con un corazón puro y desinteresado. Si te sientes relajado, con energía, alerta y libre cuando das a los demás, estás experimentando el verdadero dar. Incluso si alguien no acepta el dar, usted sabe que ha hecho su parte. Y no tienes miedo de dar más de lo que recibes.

Acepta las diferencias y las limitaciones

Aunque parezca sencillo, una de las partes más difíciles del amor es aprender a aceptarnos a nosotros mismos y a los demás tal y como son. Esto no supone que a uno de los miembros de la pareja le guste todo de sí mismo o del otro.

. . .

Tampoco significa que los comportamientos inaceptables e hirientes queden sin atender. Siempre es importante enfrentarse a cualquier abuso que se produzca en una relación. La aceptación sí significa que respetamos los rasgos de personalidad únicos y la visión del mundo de otra persona. En el amor maduro, intentamos ponernos en el lugar del otro para ver cómo es su realidad. Cada persona en una relación tiene una historia y una personalidad únicas, y por lo tanto no todos podemos ver la vida de la misma manera.

Los mejores romances se basan en el realismo. En el amor maduro, ajustamos nuestras creencias a lo que es real, en lugar de intentar retorcer la realidad para que se ajuste a lo que queremos que sea una persona o la relación. La vida y las relaciones están llenas de opciones. Las relaciones que fracasan son aquellas en las que una persona no está dispuesta a aceptar las limitaciones o la visión del mundo de la otra. Los empujones, los tirones y las luchas de poder anulan la alegría y el amor. A menudo, lo que nos atrajo a una relación al principio se convierte en un agravante. Es importante recordar por qué esas diferencias eran atractivas y no perderlas de vista. Sólo podemos invitar a una persona a cambiar, no coaccionarla. E incluso entonces debemos dejarles el reto de cambiar. El amor sano lo hace.

Fomenta la autosuficiencia y la autoestima

. . .

Fromm escribe: "El paso más importante es aprender a estar a solas con uno mismo sin leer, escuchar la radio, fumar o beber... Esta capacidad es precisamente una condición para la capacidad de amor".7 El amor maduro se produce cuando nos damos cuenta de que somos sustanciales solos, que ya no necesitamos lo que necesitábamos en la infancia y la niñez, que tenemos cualidades dentro de nosotros que nos hacen completos. En una relación sana, ambos individuos tienen una sensación de autoestima y bienestar. Confían en sí mismos y en los demás; se aman incondicionalmente sin sentir culpa.

Una relación sana alimenta la buena autoestima de cada persona. Los amantes celebran la buena suerte, los éxitos y los talentos del otro. Se complementan y animan mutuamente, y no hay lugar para los egos inflados. Una vez oí definir la *humildad* como una suave aceptación de uno mismo. Los amantes maduros parecen expresar esta tranquila confianza en sí mismos a solas y entre ellos.

Aunque podemos afirmar la valía y la bondad de los demás, no podemos darnos la autoestima que nos falta. Los demás pueden ponerte en un pedestal, y tú puedes tener la tentación de quedarte ahí y disfrutar de la vista. Este es un lugar muy peligroso, porque lo que sube acaba bajando.

Sabe lo que es el amor

• • •

En las relaciones amorosas maduras, ya no "anhelamos" el amor incondicional de nuestras parejas. Ya no lo necesitamos de los demás porque *nosotros somos* amor incondicional. Entendemos que el amor incondicional es un estado del ser que viene de nuestro interior, y no al revés. Lo paradójico es que cuando dejamos de buscar o retener nuestro amor incondicional, a menudo nos sorprendemos al encontrar a alguien que nos ama de esa manera. Quizás sea porque cuando nos experimentamos como amor incondicional, damos la seguridad que invita a los demás a compartir más abiertamente su amor con nosotros.

La historia de Esteban y Alisa

"¿Qué es el amor?" pregunté a mis clientes Esteban y Alisa. La pregunta les cogió por sorpresa.

Cada uno hizo una pausa. Esteban respondió primero. "No sé si puedo describirlo. Sé cuando estoy en ella. La forma en que se manifiesta en nuestra relación es como un sentimiento de cercanía, incluso en los momentos de tranquilidad. Es un encuentro de mentes, una fuerte conexión y una amistad. Hay respeto. Pero, sobre todo, es la sensación de seguridad que tengo de ser yo mismo cuando estoy con Alisa".

. . .

Alisa fue la siguiente: "El amor es mucho más grande que nuestra relación. Estoy de acuerdo con Esteban. Nunca me he sentido tan segura como en esta relación. Sé que a veces tengo miedo de que me hagan daño, pero hablamos mucho. Lo que he aprendido de las cosas horribles de mi pasado es que las relaciones no son el problema; son los lugares donde aparecen los problemas. Asimismo, no son el amor, sino un lugar donde podemos experimentarlo o no".

Acepta y respeta el compromiso

En el amor adictivo, el compromiso se experimenta a menudo como una "pérdida de sí mismo". En el amor maduro, ocurre lo contrario; la autoestima aumenta. Experimentamos el compromiso como una expansión de nosotros mismos. Vamos más allá de la autogratificación narcisista para compartir, dar y sacrificarnos por nuestros seres queridos. El compromiso acepta, sin resistencia, la importancia y el valor de la otra persona en nuestra vida. A diferencia del amor adictivo, que utiliza el compromiso como excusa para comportamientos perjudiciales, por ejemplo, "tengo derecho al sexo; eres mi esposa". Existe una auténtica preocupación y compromiso por el bienestar de la otra persona. Consideramos cómo nuestras acciones afectarán a nuestras relaciones. Reconocemos que la autonomía no consiste en hacer siempre "lo que quiero cuando quiero", sino en asumir la responsabilidad de nuestras vidas de la forma menos perjudicial para nosotros mismos y para los demás.

La autonomía incluye fronteras y límites, y los amantes maduros definen mutuamente los límites de su relación para mejorar su compromiso. Nuestro compromiso expresa nuestros valores más profundos y trasciende nuestros miedos.

En la base de muchos problemas de relación está el haber sufrido una traición en compromisos anteriores. Estas traiciones pueden curarse con una nueva experiencia de compromiso. El compromiso no se hace con una persona, ni se centra en los resultados, ni ofrece garantías. Más bien dice: "Me comprometo con el proceso de estar contigo y convertirme en el mejor yo que puedo ser. Haré mi parte para mantener la conexión aunque la forma de nuestra relación cambie". Cuando nos comprometemos con el proceso de cambio del amor, es más probable que estemos ahí para el otro.

Tiene una línea de fondo

Los golpes y roces ordinarios, los dolores de crecimiento de una relación, son inevitables. Intentamos hacerlo bien y cometemos errores. Nos tambaleamos. Intentamos armar un rompecabezas de cien piezas de una relación con sólo un puñado de ellas. La mayoría de nosotros experimentará algún dolor en las relaciones amorosas. Las preguntas son entonces: "¿Cuánto debo aguantar antes de poner el límite?

. . .

¿Cuándo una relación tiene más enfermedad que salud?"

Las respuestas están en la *progresión*. Una relación sana está verde y crece; una malsana o adictiva, no. ¿Ser emocionalmente honesto da lugar a comportamientos hirientes o agresivos? ¿El daño emocional va seguido de heridas mentales, físicas o sexuales? Cuando hablamos en una relación insana, la otra persona intentará callarnos, calmarnos, ponerse a la defensiva, intentar arreglarnos, ser condescendiente, juzgarnos, analizarnos, atacarnos, alejarnos, llorar o irse. Las relaciones sanas se quedan en el malestar, establecen un punto de partida e intentan solucionar el problema sin causar demasiado daño.

El amor maduro opera con cuidado, preocupación *y* amor duro. Un ejemplo de una línea de fondo es esta declaración: "Quiero seguir en la relación contigo, y lo que es esencial para que me quede es que te comprometas a recibir tratamiento para tu adicción sexual. Sé que, como adicto, no puedes prometer no volver a actuar, pero necesito saber que estás comprometido con el proceso". Es importante que nuestras líneas de fondo sean realistas y no una trampa para el fracaso de la relación.

Tiene un alto nivel de confianza

. . .

Un indicio importante del amor verdadero es la capacidad de confiar en el recuerdo del amante ausente para poder aceptar y disfrutar de nuestro tiempo a solas. Aunque queramos estar con nuestros amantes o parejas románticas, confiamos en que acabarán volviendo. Mientras tanto, los recuerdos de los buenos sentimientos son suficientes para satisfacernos. La ansiedad por la separación y la obsesión por la persona que amamos se sustituyen por una fuerte conexión con uno mismo y con la vida. Nos gusta nuestra propia compañía y sabemos cómo llenar el tiempo y el espacio. Y conocemos la diferencia entre la intimidad propia y el aislamiento.

Como le dijo un amante a otro: "Lo que siento por ti en nuestros momentos separados es tan diferente de lo que he conocido antes. Quiero estar contigo, pienso en ti, siento tu presencia y espero ansiosamente nuestro tiempo juntos. Confío en nuestro vínculo, y la ansiedad y la añoranza han desaparecido. Tal vez sea porque tú también confías en nuestra ausencia".

No quiero parecer ingenua. Debido a las muchas traiciones a la confianza que probablemente hemos experimentado en las relaciones amorosas, la mayoría de nosotros trabajamos muy duro para sanar y abrirnos a la confianza una vez más.

Este es quizás el mayor reto que ofrece el amor.

. . .

Cómo Lidiar con el Apego Emocional

Experiencias de sexualidad saludable

Somos seres sexuales. Ser sexual es algo bueno. Sin embargo, a menudo se confunde el sexo con la crianza, la sensualidad y la sexualidad. Para recordarlo, el sexo es biológico. Es una función del cerebro inferior. La sexualidad consiste en crecer como un ser humano completo y prepararse para compartir la sexualidad con otra persona de forma buena y emocionante. Se trata de utilizar los tres cerebros: el instintivo, el emocional y el racional.

Una sexualidad sana tiene que ver con la capacidad de una persona para valorar su cuerpo y su sexualidad, no para usarla o abusar de ella. Recuerdo haberles dicho a mis hijos que, a medida que fueran entrando en su cuerpo de adultos, tendrían nuevas sensaciones y sentimientos que podrían ser a la vez aterradores y excitantes. Eran sensaciones sexuales y un regalo muy especial de la vida. Era importante aceptar, proteger y tratar el don de la sexualidad con respeto mientras exploraban las relaciones.

Para muchos, a causa de haber sido abusados sexualmente, de haber sido enseñados que el sexo es malo, o de otros cables cruzados, hay una tendencia a gastar energía en negar los impulsos sexuales o en rebelarse y actuar sobre ellos.

. . .

Cuando el sexo forma parte de la relación, es por deseo mutuo, tiene acuerdo con los límites y las fronteras, y es sin el menor indicio de manipulación o prueba de compromiso.

Cuando estamos recién enamorados, por lo general respondemos con sentimientos lujuriosos primero, sensualidad romántica después, y luego pasamos a la vinculación.

Cuando hay problemas en una relación sexual o si ha habido una traición sexual, el proceso se invierte. La autocuración precede a la vinculación, la vinculación precede a la sensualidad y la sensualidad precede a la intimidad sexual.

Muchos quieren hacerlo en orden inverso y crean más problemas. La sexualidad sana acepta cuando la pareja quiere diferentes cantidades y tipos de sexo. No se compara con lo que se presenta en los medios de comunicación. Sabe que el sexo sirve para unir a dos personas en una pareja amorosa.

Entiende que el sexo surge del interior de dos personas. No utiliza el sexo para solucionar una urgencia, la baja autoestima o la soledad. No juzga el rendimiento. Entiende que muchas personas son sexualmente cruzadas debido a una información distorsionada y a un trauma sexual. Se responsabiliza de cualquier experiencia sexual que aporte a la relación sin avergonzarse y está dispuesto a aprender y crecer.

La historia de Ward

"Antes de tener la oportunidad de descubrir el sexo como una expresión apropiada de deseo, cuidado y conexión, a través de circunstancias poco ideales lo experimenté como una forma de distraer, manipular y controlar.

"El sexo se convirtió en una de las muchas formas disfuncionales en las que me involucré en la búsqueda de la gratificación inmediata a cualquier precio. Un momento de alivio de la confusión y la incomodidad de la vida en los términos de la vida era todo lo que parecía capaz de alcanzar o mantener. Al no tener una relación constructiva con su uso, el sexo siempre ha magnificado los desafíos para cualquier intento de unión íntima. Sólo ahora, al entrar en la cincuentena (unos veinte años de recuperación de los Doce Pasos), he conseguido quedarme quieto el tiempo suficiente y profundizar lo suficiente para enderezar el rumbo. Estoy recuperando con éxito la compostura necesaria para una sana intimidad sexual, ante todo conmigo mismo. Tal vez ahora incluso otros puedan tener una oportunidad también. Siempre estuvo ahí, sólo tenía que volver a buscarlo".

Tiene una visión realista del romance

. . .

El amor romántico ocupa un lugar importante en nuestras vidas. Es un tiempo de cortejo e incluye el coqueteo, el brillo romántico y la intimidad profunda. Es un momento para aprender sobre la pasión *y la* seguridad de nuestros sentidos - el tacto, la vista, el sonido, el olor, el gusto, el movimiento- y compartirlos. En el amor sano, estamos dispuestos a dejar que el fuego del romanticismo brille sin intentar aferrarnos a él o utilizarlo como un apaño. También dejamos que ardan porque sabemos que mantener ese subidón no es realista, recordando que el subidón químico debe dar paso a algo mejor. Sólo cuando el subidón disminuye, el cerebro pensante es capaz de activarse y ayudar a evaluar los méritos reales de la relación.

En una relación amorosa madura, un amante pasa de un subidón romántico a una amistad más sensata sin temer que la relación se acabe. Aunque la relación puede terminar, no se ha abandonado para que uno de los miembros de la pareja pueda perseguir otro subidón, sino por razones que tienen sentido. Las banderas rojas que pueden haber sido ignoradas cuando se experimenta la novedad de una relación se hacen más evidentes y se discuten o se toman como una señal para seguir adelante y explorar otra relación. No es infrecuente escuchar: "¿Qué demonios he visto en esa persona?".

En una unión sana, los miembros de la pareja crean un romance en sus vidas para mantener viva la pasión y el amor.

Como los portadores del fuego en los nativos americanos tradición, los socios deben mantener las brasas encendidas, sabiendo que una vez apagadas las brasas, es difícil encender el fuego. ¿Cómo mantener los niveles de dopamina? Además de lo que he dicho sobre mantener una relación vital, hay otras cosas que también funcionan:

- Variedad, variedad, variedad: la excitación desencadena la excitación. Ser misterioso: la incertidumbre provoca un aumento de la dopamina.
- Crea un estado de ánimo romántico: desencadena viejos recuerdos de buen rollo. Complacer los sentidos a través del tacto, el gusto, el olfato y el sonido.
- Tener buen sexo: produce una avalancha de sustancias químicas. Reír y jugar: produce sustancias químicas que nos hacen sentir bien y saca el niño que llevamos dentro.
- Sé emocionante y mantén tus propios productos químicos.
- Haz cosas novedosas: la adrenalina hace que el corazón se vuelva más cariñoso.
- Tenga una buena y justa discusión y deshágase de los agravios: la ira produce sustancias químicas de excitación y la resolución produce sustancias químicas de unión. Conozca lo que invita a los sentimientos románticos en su pareja.
- Sé una persona sensual: un cuerpo relajado invita a la cercanía.

Cuidados con desapego

La madurez nos lleva a saber que podemos cuidar, escuchar y responder a los sentimientos de los demás, pero no podemos "arreglar" o eliminar todos los malos sentimientos de los demás. Por lo tanto, un sentido de desprendimiento afectivo es un signo saludable en una relación. La pareja dice: "Me importa lo que sientes y estoy aquí para ti", pero no "Déjame sentir tu dolor por ti" o "Déjame ayudarte a sentirte mejor". El desapego afectivo no es indiferencia. Permaneces presente ante el dolor de la persona, estás atento, le haces saber que la escuchas o la apoyas, y no sientes culpa o malestar cuando no puedes hacer más. Y nunca presiones a la otra persona para que deje de sentirse mal con el fin de sentirte cómodo, porque el mensaje se traduce en "No tengas sentimientos ni necesidades", y el dolor sólo se hace más grande. A veces esto es difícil de hacer cuando has causado el dolor y la decepción o has violado la confianza.

Afirma la igualdad y el poder personal de uno mismo y de los demás

En el amor maduro, los amantes se reconocen como iguales; no están atrapados en juegos psicológicos ni en la competencia. La competencia sana permite que cada uno crezca sin intentar ejercer poder sobre el otro. Y la confrontación detiene el dolor, no lo inflige.

Cuando dos personas están satisfechas y son libres como individuos, es mucho más probable que tengan una relación amorosa satisfecha y libre. Ya no se pierden en la negación, sino que reconocen el atractivo de los juegos de poder y trabajan conscientemente para compartir el poder.

Proyectar los defectos en los demás se sustituye por dar permiso para ser auténtico y apasionado en la vida. La personalización de los comportamientos de los demás se sustituye por el establecimiento de límites claros que ofrezcan protección y enmarquen la individualidad.

El poder se ve, pues, no como una mercancía medible, sino como una fuente inagotable de energía vital. Es nuestra vitalidad personal, nuestro vigor, nuestra pasión y nuestra intensidad, lo que nos permite tener una presencia que cambia la vida. Es una declaración: "Estoy aquí contigo como un igual emocional y espiritual". A diferencia de los juegos de poder que nos dejan una sensación fea, compartir el poder nos "ilumina". Nos sentimos más ligeros. Estamos más alegres.

Es más fácil estar con nosotros. Las relaciones se nutren. El amor se funde con el poder a medida que penetramos en la ilusión de la disparidad y buscamos la curación.

Compartir el poder

. . .

La transición de la omnipotencia infantil a compartir el poder parece ser una lucha interminable. Sin embargo, con la práctica, compartir de manera que nos empodere y afirme el poder de los demás se volverá más natural. He aquí una lista de comportamientos para compartir el poder que favorecen un amor sano:

o ser libre de expresar sus creencias, valores y pensamientos, y ser escuchado y respetado

o ser libre de expresar sus necesidades, deseos y sentimientos, y de pedir apoyo y amor

o liberarse de las expectativas y los resultados impulsados por el ego

o participar de forma cooperativa para potenciar a las personas de forma positiva celebrando la inteligencia, el conocimiento y otros dones de los demás; dejando de lado los celos por lo que tiene el otro

o estar dispuestos a salir de lo más profundo de nosotros mismos e interactuar íntimamente con los demás, para dar y recibir

o Expresar el poder personal de forma constante y fiable: ser digno de confianza y cumplir las promesas.

o darse a sí mismo en una forma de apoyo emocional sin exagerar: basta con estar ahí.

o compromiso: acordar que somos iguales emocionalmente y que cada uno puede compartir tomando la iniciativa

o resolución mutua de problemas y toma de decisiones: examinar juntos cómo hacer las cosas de forma más eficaz

o asumir y compartir los errores sin sentirnos culpables; enmendar nuestros errores y los de los demás

. . .

Cómo Lidiar con el Apego Emocional

o dar respuestas directas y claras a las preguntas y peticiones

o adoptar medidas que apoyen la igualdad y las posiciones ventajosas para todos, sin situaciones de uno a favor o uno en contra

o aceptar a los demás tal y como son -respetar el ser de otra persona mientras nos enfrentamos a comportamientos inadecuados

o tratar a los demás con respeto y sensibilidad, especialmente cuando son vulnerables

o tener un sólido sentido de la identidad y reconocer la necesidad de compartirnos con los demás

o escuchar, discutir, sugerir e invitar, en lugar de decir, sobornar o amenazar

o Expresar la ira y la decepción sin esperar un cambio: dejar ir

o detener los abusos verbales, emocionales y físicos en formas potentes y respetuosas

o ser asertivo y no pasivo o agresivo

o compartir la toma de decisiones y vivir con los resultados

o estar dispuesto a ceder o esperar, y aceptar que no siempre obtendremos lo que queremos

o exponer claramente las posturas y, a continuación, soltarlas respetuosamente confiando en que el resultado será positivo

En conclusión, los amantes maduros acogen la necesidad de amar y arriesgarse a la vulnerabilidad. Se han enfrentado a su soledad y conocen la alegría de compartir.

· · ·

Saben que ya no necesitan a la gente para sobrevivir como lo hacían en la infancia, que la vida es dura a veces, injusta a veces, y sin embargo sigue siendo buena.

Has conocido la experiencia del amor. Cada vez que lo reexperimentes, dite a ti mismo: "Esto es amor, esto es real, y lo experimentaré una y otra vez".

9

De la adicción al amor

La obsesión por otra persona no es amor; el apego al romance o al sexo no es amor; ni el verdadero amor se parece a la adicción. El amor y la adicción son entidades distintas que pueden parecerse y confundirse. Nuestro reto es pasar del amor adictivo a la pertenencia sana, porque ahí experimentamos más profundamente el yo interior significativo que describió Frankl.

La salida

¿Qué puedes hacer si descubres que estás en una relación adictiva o que te estás apegando al subidón del romance o del sexo?

En primer lugar, recuerda que la mayoría de las relaciones tienen elementos adictivos o de dependencia insana.

Ninguno de nosotros tuvo todas sus necesidades cubiertas en la infancia. Nuestros padres, al ser humanos, nos fallaron a veces. Sus fallos se convierten en nuestros debilidades cuando las culpamos o exigimos a los demás lo que no conseguimos. Y es probable que hayamos experimentado un trauma en alguna de sus formas.

En segundo lugar, hay que tener en cuenta que, en cierto nivel, el amor adictivo se percibe como crucial para la supervivencia, por lo que no se renunciará a él fácilmente.

En tercer lugar, recuerda que las razones psicológicas de tu adicción son tan únicas para ti como tus huellas dactilares.

Sólo tú puedes descubrir a qué propósito sirven; sólo tú puedes encontrar qué miedos te impiden dejarlo ir. Si no eres capaz de dejar ir una relación insana, si te encuentras pasando de una relación romántica a otra, o si estás usando el sexo de forma compulsiva, es hora de buscar ayuda externa.

En cuarto lugar, trabaja para conseguir la intimidad contigo mismo. Cuando sabemos que estamos completos por nosotros mismos, estamos preparados para tener relaciones amorosas sanas. La autosuficiencia y el autoconocimiento pueden ser las claves del amor y la libertad.

· · ·

En quinto lugar, recuerda que pasar de la adicción al amor es un proceso. Al igual que había una forma de entrar en el comportamiento dependiente, hay una forma de salir. Hay esperanza. Al conocer la diferencia entre el amor adictivo y la pertenencia sana, al comprender ese proceso, puedes aprender a aceptarte a ti mismo y a los demás; así, aumentan tus posibilidades de alcanzar la plenitud en el amor.

Salir de la adicción y entrar en el amor sano: El proceso

Experimenté el final de un matrimonio en 1980. Hasta esa fecha, la relación había sido la más significativa de mi vida, y terminar con ella fue muy doloroso. Nunca pensé que pudiera o pudiera pasarme a mí. En mi viaje personal posterior y en mi viaje a través de la terapia con otras personas, surgió un proceso claro con etapas definibles dentro y fuera de esas relaciones. Pasamos por etapas coherentes y, cuando empecé a aclarar esas fases, el cambio se hizo menos doloroso y más aceptable, incluso bienvenido. Se hizo mucho más fácil saber si una persona permanecía en una relación amorosa por razones correctas o incorrectas, o si dejaba una relación amorosa por razones correctas o incorrectas. Conocer la diferencia se convirtió en algo fundamental para saber qué hacer y cuándo hacerlo. Conocer el proceso y prepararse para un resultado positivo supuso una sensación de alivio. Confiar en el proceso se convirtió en algo necesario para completarlo con éxito. No importaba si uno estaba o no en una relación.

No importaba si uno era adicto al romance o al sexo. Se puede participar en el proceso.

Mi terapia de pareja cambió. Salir de la adicción y entrar en un amor sano era un "trabajo interno". Intentar cambiar una relación sin alterar las creencias internas de los individuos resultó inútil. Detener una adicción sin curar el trauma subyacente conducía a recaídas más frecuentes. Las sesiones iniciales de terapia habían sido escenarios de luchas de poder, y yo debía ser el juez y el árbitro. Esto nunca funcionó, y acabé sintiéndome agotada: una víctima.

Había aprendido de mi propia dependencia malsana que había atraído a ciertas personas a mi vida y me había comportado de manera predecible. Tenía que examinar mi miedo a la separación, mi miedo a tener necesidades, mi miedo a la cercanía. Aprendí que sólo era responsable de cambiarme a mí misma. Había traído a mi vida personas y situaciones que se ajustaban a lo que yo era en ese momento. Aunque a veces los comportamientos de los demás me parecían inaceptables, tuve que preguntarme qué parte de mí necesitaba ese dolor y por qué. A medida que cambiaba, empecé a invitar a personas y relaciones más sanas a mi vida. Y aunque no siempre fue fácil, dejé marchar a los que tenía que dejar marchar.

Empecé a trabajar con las parejas de una manera más eficaz.

Vi que lo que cada uno era en la relación tenía mucho sentido. Disipé sus juegos de poder pidiéndoles que viajaran solos un tiempo, para descubrir quiénes eran y cómo la discordia en su relación tenía sentido para ellos psicológicamente. Algunos se enfadaron por esta sugerencia e insistieron en que era la relación la que tenía problemas, que el problema era la conducta de su pareja o cualquier otro problema. Los que se arriesgaron al viaje interior y siguieron el proceso aprendieron que la clave del amor es la libertad interior.

En el modelo que he descrito, hay siete etapas para pasar de la adicción al amor.
1. negación
2. malestar
3. confrontación
4. separación psicológica
5. resolución de la autodeterminación
6. pertenencia
7. llegar a la gente

Negación

En esta etapa, la relación suele parecer normal. Si hay una adicción romántica o sexual, se explica su impacto. Tal vez hayamos soportado un abuso emocional, espiritual o físico considerable o la negligencia de una pareja, y posteriormente lo hayamos negado o racionalizado.

Podríamos tener una tendencia a la dependencia con alguien que podría perjudicarnos. En la nueva relación, la euforia del enamoramiento enmascara las señales de peligro, pero la relación sigue un patrón definido. Dar suele estar motivado por lo que los demás esperan o se experimenta como una pérdida; el miedo a la verdadera intimidad se trata de forma melodramática, asegurando un nivel de excitación que sustituye a la auténtica cercanía. Muchas -quizás todas- las señales del amor adictivo están presentes, pero se ignoran o se niegan. La *supresión* es una característica de esta etapa.

He aquí algunas creencias, expresadas en máximas comunes, que apoyan esta etapa:
"Todas las parejas pasan por esto".
"Es mejor estar en una mala relación que en ninguna".
"Lo tomé (o la tomé) para bien o para mal".
"Así es la vida".
"Ve siempre lo bueno de la gente". "No lo tengo tan mal". "Tengo derecho a actuar".
Los amantes adictos temen la verdad sobre ellos mismos.

A veces, sólo la falta de información mantiene a una persona o a una pareja en esta etapa. Sin embargo, con la información adecuada, uno o ambos miembros de la pareja comenzarán a salir de esta etapa.

. . .

Lamentablemente, muchas parejas se quedan encerradas en esta etapa, creyendo que esto es todo lo que hay o lo mejor que pueden conseguir. O bien, si no se atrincheran en esta etapa, muchas parejas vuelven a la negación cuando se enfrentan a los retos que requiere el proceso del amor sano.

Malestar

En esta etapa, uno o ambos miembros de la pareja se dan cuenta de que falta algo, de que algo va mal. Las voces internas dicen:

"Esto no es suficiente".

"Algo no está bien".

"¿Qué me pasa? Debería ser más feliz".

"Me pregunto si ella (o él) todavía me ama? Me pregunto si yo todavía le quiero (o la quiero)".

"¿Esto es todo lo que hay? Me siento aburrido". "Me siento oprimido; tengo que

salir".

"No me la creo del todo (o a él)".

En la primera etapa, suprimimos los problemas y tratamos de adaptarnos a la relación, pero en la segunda etapa, la agitación hace imposible esa negación. Dicha *agitación* está causada por una energía bloqueada que necesita expresarse en la intimidad y la creatividad negadas en el amor adictivo.

. . .

En este punto, es un reto identificar el problema y resolverlo.

Como en esta etapa nuestras relaciones siguen siendo principalmente adictivas, o no estamos preparados para asumir la adicción, la mayoría de las personas empiezan a buscar soluciones o consuelo fuera de sí mismas y de sus relaciones; pueden recurrir al alcohol, la comida, los asuntos, el trabajo, el ejercicio, la religión, el juego u otros procesos que tienen el potencial de convertirse en obsesiones. Aunque estas obsesiones pueden proporcionar un alivio inicial, no satisfacen el anhelo de la persona porque se convierten en otro intento erróneo y adictivo de desarrollar la autoestima, encontrar el sentido de la vida o cubrir el dolor que sentimos pero que aún no hemos aclarado.

Una persona puede darse cuenta de emociones recurrentes, comportamientos y sentimientos infelices frecuentes. Generalmente, una persona, sintiéndose temerosa y culpable, comienza a salir de la relación adictiva. En esta etapa, el problema no se ha definido, por lo que son comunes la frustración, la confusión, la depresión y la ansiedad. A menudo, uno o ambos miembros de la pareja vuelven a la primera etapa en señal de resignación para aliviar el miedo y la culpa.

Confrontación

. . .

Nuestro deseo de crecer es aceptado. La vida puede haber llamado a nuestra puerta con un acontecimiento que nos sacuda y nos despierte, de modo que ahora estamos dispuestos a ver la enfermedad de nuestra dependencia insana del amor, el romance o el sexo. Ese acontecimiento vital importante puede ser una depresión, una separación, un libro, el tratamiento de una adicción, un roce con la muerte, una enfermedad, un cambio vital importante, una confrontación cariñosa por parte de un amigo o la sabiduría de la experiencia. De repente, los problemas en la relación son afrontados por uno o ambos individuos.

En consonancia con la cualidad adictiva de la relación, se tiende a hacer hincapié en cambiar al otro para reequilibrar la relación. Como una de las personas amenaza con marcharse, los síntomas de alarma se intensifican. Hay más melodrama; prevalecen las acusaciones, las negaciones y la ira, que enmascaran el miedo o la vergüenza. Ambos miembros de la pareja intentan controlar la situación, en forma de amenazas, abuso físico o sobreadaptación en un esfuerzo por aplacar al otro. Puede haber muchos empujones y tirones literales y figurados.

En este punto, la pareja puede volver a una etapa anterior, decidir separarse o divorciarse, o buscar asesoramiento. Si acuden a terapia, los miembros de la pareja suelen querer que el terapeuta cambie al otro miembro de la pareja o que aborde los síntomas de problemas en la relación, como los problemas sexuales o la falta de comunicación.

Los consejos psicológicos rutinarios - cómo tener relaciones sexuales, cómo comunicarse, cómo pelear- no funcionan. No se trata de eso: hay mucho más en juego desde el punto de vista psicológico que ambas personas deben descubrir, más allá de los problemas superficiales o de comportamiento en la relación, o de la adicción que se presenta.

En secreto, los individuos pueden temer haber fallado o haber hecho algo mal; pueden sufrir de culpa o desesperación. Al reprimir estos sentimientos desagradables, suelen culpar a otros y se enfadan. Esta etapa, por tanto, se caracteriza por la *crisis*. Implica mucha interacción -de hecho, demasiada interacción- que es tan negativa que agrava el problema. Esta es la etapa en la que es probable que se produzca el abuso doméstico. El homicidio, el suicidio, la violencia, la enfermedad y otras escaladas también pueden formar parte de esta etapa.

Separación psicológica

Si los miembros de la pareja tienen la suficiente perspicacia y están lo suficientemente comprometidos con su relación, uno o ambos pasan a esta etapa. Si uno está soltero, es importante experimentar esta etapa para garantizar unas relaciones amorosas saludables en el futuro. Sin duda, esta etapa es crucial, requiere mucho tiempo y a menudo se resiste.

. . .

Cómo Lidiar con el Apego Emocional

La separación psicológica es necesaria para pasar de la dependencia obsesiva a unas relaciones sanas y maduras. En esta etapa, estamos dispuestos a dejar de lado nuestra adicción o la expectativa de que una relación debe satisfacer nuestros miedos y necesidades privadas. Ahora estamos dispuestos a iniciar un viaje interior de autodescubrimiento y a enfrentarnos a los mitos privados, las ilusiones y las autopromesas que contribuyen a la adicción al amor, al romance o al sexo. A través del autodescubrimiento o con la ayuda de la terapia, aprendemos a plantear y responder preguntas como las siguientes:

"¿Quién soy yo?"

"¿Cómo he llegado a donde estoy hoy?"

"¿Qué promesas privadas me hice a mí mismo cuando era más joven?" "¿A qué tengo miedo?"

"¿Por qué temo la separación?" "¿Por qué temo la cercanía?"

"¿Qué falsos intentos he hecho para aliviar mis miedos?" "¿Qué creo sobre las mujeres, los hombres, el amor, el poder?" "¿Cómo es mi adicción un amigo?"

Dado que la separación psicológica implica la necesidad de desprenderse emocionalmente durante un tiempo, los individuos pueden parecer egocéntricos; cuando están en una relación, a menudo son incapaces de sentir o expresar amor por el otro durante este tiempo difícil. *Pero esto es temporal.*

Experimentar la intimidad con uno mismo es importante durante este periodo.

La *distancia*, o el *desapego*, es el sello de esta etapa.

A veces también se produce una separación física, aunque no es necesaria si los individuos se dan la libertad de atravesar esta etapa sin terribles tensiones. Es más fácil aceptar la distancia si uno se da cuenta de que su pareja está haciendo lo que debe para desarrollar su capacidad de amar. Comprender que el distanciamiento forma parte del proceso permite no sentirse culpable.

Hasta que las personas no tengan un sentido de quiénes son, como quiénes son, y hayan sanado sus heridas y lidiado con sus miedos, no serán psicológicamente libres para amar plenamente. Mientras tanto, cuando se está en una relación, es importante comprometerse con la misma hasta que uno o ambos miembros de la pareja tengan una clara comprensión de sí mismos que les permita evaluar la relación desde un punto de vista nuevo y más saludable. Cuando uno está soltero, es prudente completar esta etapa antes de entrar en otra relación. Las personas tienen que aprender a ser amigos y padres de sí mismos, un requisito previo para tener buenas relaciones con los demás.

Los sistemas de apoyo saludables -amigos, familia o grupos de apoyo- pueden ayudar a afirmar la autoexploración y el cambio. Dado que los miembros de la pareja se han alejado psicológicamente durante este tiempo, es un periodo muy difícil.

El estrés puede hacer que sea más difícil, y se necesita apoyo externo. De hecho, durante este tiempo, algunas personas vuelven a sus viejas costumbres, porque la autoexploración puede ser aterradora. Si los miembros de la pareja recurren a sus mayores fortalezas -compasión, paciencia, tolerancia, aceptación y desprendimiento- saldrán adelante.

Resolución de la autodeterminación

En esta etapa, los individuos han respondido a la pregunta "¿Quién soy yo?". A través de un proceso largo y a veces difícil, los individuos han adquirido un sentido de identidad propia, autoestima y el conocimiento de que "me basto solo". Saben lo que necesitan y quieren, lo que es importante y lo que no. Han descubierto los miedos y las creencias negativas que contribuían a los problemas en sus relaciones amorosas y, en su mayor parte, los han curado o cambiado.

Es importante que las personas se tomen el tiempo necesario para *integrar* estos grandes cambios en sus vidas y personalidades. Una vez oí que el cuerpo tarda seis meses en incorporar un cambio en el sistema nervioso . 2 La necesidad compulsiva de obtener resultados ahora no debe interferir en el proceso.

Las personas que se encuentran en esta etapa desarrollan una apreciación de sus talentos, intereses, potencial creativo, pasiones y búsquedas. Encuentran un sentido de sano desapego y una conciencia de sus capacidades para la intimidad y el amor. Se sienten cómodos cuando están solos y tienen una sensación de paz interior. Para otros, puede parecer que han madurado y aceptado la realidad. Parecen reconocer que la vida consiste en nuevas experiencias y lecciones que proporcionan muchas opciones. La vida implica elección, acción y consecuencias, y este hecho ya no es aterrador.

No es raro que la resistencia aparezca con preguntas para poner a prueba nuestra sinceridad. "¿Estás seguro de que quieres cambiar?" "¿Cómo sabes que será mejor?" "¿Y si ya no le gustas a la gente?" "Echo de menos el subidón". A veces recurrimos a viejos comportamientos para responder a estas preguntas y sentimos que hemos recaído. A veces una persona recae.

Vamos y venimos entre lo viejo y lo nuevo. Normalmente no tardamos en darnos cuenta de que no podemos volver a ser como antes. Somos diferentes. Una vez que el individuo ha resuelto el cuestionamiento interno y ha obtenido esta confianza en sí mismo, es el momento de examinar cómo la adicción era egoísta y de evaluar su relación desde una nueva perspectiva para decidir si debe continuar. Si una persona ya ha dejado una relación o ha sido abandonada, ahora empieza a confiar en que el amor es posible en el futuro. Puede que incluso se sorprenda con un sentimiento de gratitud por las dolorosas lecciones aprendidas.

Estamos dispuestos a perdonar a la persona o adicción que considerábamos nuestra némesis.

Pertenencia

Si los individuos han llegado a esta etapa, poseen una nueva libertad y capacidad para amar con madurez, ya sean solteros o en pareja. Descubren que estar en una relación amorosa no es la única manera de pertenecer: también pueden formar parte de familias, tener amigos y pertenecer a grupos de apoyo. La pertenencia proviene de creencias internas que dicen: "Pertenezco a esta vida y con sentido"; "Puedo pertenecer y seguir siendo yo"; "Puedo tener pasión y pertenecer".

La *separación y la cercanía* caracterizan esta etapa.

Si la terapia de pareja continúa, ahora se centra en el "nosotros". Los miembros de la pareja están ahora preparados para experimentar la esencia del otro, y puede haber un alto nivel de intimidad. Aunque se ven a sí mismos como únicos y diferentes el uno del otro, saben que su nueva cercanía permite las diferencias individuales, que la relación se complementa y coexiste con la libertad individual. La entrega es espontánea; hay un vínculo físico, emocional y espiritual.

· · ·

El compromiso se caracteriza por el deseo no sólo de dar al otro, sino también de servirle sin esperar nada a cambio. Un nuevo realismo permite que haya fallos, fracasos y decepciones. Hay igualdad y disminuyen los juegos de poder. Hay una voluntad de vivir con la incertidumbre y el conocimiento de que una recaída es siempre una posibilidad cuando ha habido una adicción. Las tres entidades de toda relación - "yo", "tú" y "nosotros"- pueden ahora coexistir pacíficamente. Se entiende que toda relación es un proceso vivo.

Llegar a los demás

En esta etapa, las personas pasan de centrarse en sí mismas y en sus relaciones a un dar y experimentar más *universal*.

Contentos consigo mismos y con los demás, ahora tienen más energía creativa, resistencia física y fuerza espiritual para ayudarles a dar y responder. Como ya no dependen de las relaciones amorosas, el sexo o el romance para obtener la mayor parte del significado de la vida, son libres de buscar un significado adicional en la vida. La adversidad ofrece ahora oportunidades para ser más, para experimentar más.

Una relación amorosa madura sirve de trampolín para ampliar nuestra energía y nuestro interés por el mundo.

· · ·

Nuestras relaciones amorosas primarias son los muelles de combustible que nos ayudan a lanzarnos a la vida para hacer lo que realmente importa: compartir nuestra singularidad con la vida. Pero no es necesario estar con un amante para sentirse con energía o nutrido. El amor se expande desde una relación exclusiva hasta el amor universal que refuerza la creencia de que el amor, en efecto, hace girar el mundo. Imagina cómo sería el mundo si todos fuéramos libres para compartir el amor y el poder.

Las etapas uno, dos y tres incluyen características del amor adictivo. Terminar una relación aquí sin ser conscientes de esa verdad es adictivo en sí mismo, y llevaremos las cicatrices de la relación con nosotros, repetiremos la historia o cargaremos con la ira y el dolor durante años. Por estas razones, cuando hay una adicción sexual, se pide a las parejas que se comprometan con la relación durante un año y hagan las etapas cuatro y cinco antes de considerar la posibilidad de dejarlo. Cuando alguien ha dejado una relación romántica insana o ha sido dejado, se le anima a pasar por las dos etapas siguientes antes de emprender otra relación.

Las etapas cuatro y cinco reflejan la independencia. Son etapas del "yo" que a menudo parecen narcisistas. Aquí se aprende lo que se supone que se aprende al final de la adolescencia y al principio de la edad adulta: la autonomía, la espontaneidad y la capacidad para la verdadera intimidad.

. . .

Las etapas seis y siete reflejan una pertenencia sana: la interdependencia se alterna con una dependencia primaria sana.

Atravesar estas etapas no siempre es fácil. Un día podemos estar en la sexta etapa y al día siguiente en la segunda. A medida que ascendemos, pasamos más tiempo en las etapas superiores. Ten en cuenta que una persona en una relación puede permanecer en una etapa inferior mientras otra pasa a la etapa siete. Sólo podemos estar donde estamos preparados para estar. Los que se encuentran en una etapa superior tienen el reto de ser más pacientes. La terapia de pareja es una lucha en las tres primeras etapas, pero es bastante sencilla en la etapa seis después de que las personas hayan hecho su trabajo individual en las etapas cuatro y cinco. En ese momento se produce una sensación de comprensión y apertura a nuevas formas de estar juntos. Para complicar aún más las cosas, pensando en esto desde un punto de vista holístico, podemos estar en las siete etapas al mismo tiempo.

Tenemos el potencial de cada etapa dentro de nosotros en todo momento. Por lo tanto, las elecciones que hacemos en nuestras relaciones amorosas marcan la diferencia. Con el conocimiento y la experiencia, nos volvemos más sabios.

De la adicción al amor sano: Una historia

. . .

Lo que sigue es la historia de Carly y Dave, una pareja de treintañeros que pasó con éxito de una relación adictiva a una más sana y relación madura; de los roles de víctima y grandiosidad a las posiciones de proveedor y receptor mutuos. Seguir su situación fue inspirador y educativo para mí como terapeuta. Hubo momentos en los que la relación parecía condenada y la terapia parecía ser de poca ayuda.

El dolor y el aislamiento que Carly y Dave sentían durante su calvario, que también incluía elementos de adicción al romance, eran a menudo grandes, pero confiaban en que el cambio era posible, y estaban dispuestos a dedicar el tiempo y la energía necesarios para mejorar su matrimonio.

La historia de Carly y Dave

Carly y Dave necesitaban soltarse y descubrir quiénes eran como individuos. Sólo entonces podrían volver a estar juntos y elegir al otro, no por necesidad, sino por un nuevo amor, respeto y deseo mutuo. Observar a Dave y Carly me confirmó en mi creencia de que muchas relaciones potencialmente buenas terminan demasiado pronto debido a las cualidades adictivas que las estropean. A veces, el amor simplemente necesita crecer.

La historia de Carly

. . .

"En un periodo de cuatro años, mi marido y yo cambiamos tres veces de residencia para favorecer su carrera. Aunque tuve la oportunidad de tomar estas decisiones, actué por miedo y por obligación más que por libre elección. Cuando empecé a buscar trabajo después de nuestra tercera mudanza, estaba enfadada y deprimida. Pensé: "*Para, Carly.*

¿Qué quieres de tu vida? Estás viviendo a través de él. Antes siempre había sido una persona feliz; quería recuperar esa satisfacción.

"Conseguí el nombre de un consejero y empecé a averiguar por qué no estaba contenta.

"Empecé a aprender que pensaba que los sentimientos y las necesidades de Dave y de la mayoría de los demás estaban por encima de los míos. También daba a los demás el tipo de poder que había concedido a mis padres cuando era niña. Así, mi vida encajaba bien con la de Dave, que creía que sus necesidades eran lo primero y que tenía que pensar y tomar decisiones por los dos.

"También descubrí que, como la ira no se había expresado en ninguna de nuestras familias, no éramos verdaderamente sinceros el uno con el otro cuando surgía un problema.

· · ·

"Si metía la pata en algo, pensaba que algo estaba mal en mí. Dave también estaba muy preocupado por la perfección y criticaba mucho cualquier error que yo cometiera. Evitaba la vida para evitar las reacciones de Dave.

"Cuando compartía mis descubrimientos sobre mí misma con Dave, él me escuchaba, pero no los entendía ni los aceptaba todos. Al mismo tiempo, me sentía cada vez más oprimida en mi matrimonio. Parecía faltar algo. Si estuviera soltera, pensé, podría pasar más tiempo con mis amigos, con la gente que me gustaba y que no le gustaba a Dave. Quería más intimidad. "Inesperadamente, me quedé embarazada. Dave no quería tener hijos, y dijo: "No sé si quiero compartirte después de todo el tiempo que hemos pasado juntos y las cosas que hemos hecho, los dos solos. Pero el aborto no era una opción para mí."

"Después de que decidiéramos continuar con el embarazo, Dave se fue de viaje de negocios. Cuando volvió, me dijo que se había sentido atraído por una mujer soltera que había conocido en el viaje y que él también se había sentido inquieto e insatisfecho en el matrimonio.

"Era la primera vez que se sentía seriamente atraído por otra mujer desde que él y yo habíamos empezado a salir quince años antes.

. . .

Seguía diciendo que sólo era una amistad, pero ya no sabía lo que sentía por mí.

Parecía tener una fuerte necesidad de amistad con Rita, la otra mujer, y en mi interior no confiaba en que su relación fuera sólo una amistad.

"Finalmente me hice lo suficientemente fuerte como para pedirle a Dave que terminara la relación con Rita. Se mostró reacio a hacerlo, pero aproximadamente un mes después de mi petición, cortó sus lazos con ella. Estaba enfadado conmigo, lo cual era una experiencia nueva para mí.

Como siempre había atendido a sus sentimientos antes que a los míos, me sentí culpable por pedirle que terminara la relación, pero sabía que su afecto por Rita estaba interfiriendo en nuestro matrimonio y trabajando en contra de los cambios que estábamos haciendo en nuestra relación.

"Pasaron meses en los que Dave luchó con sus sentimientos hacia mí y el matrimonio. En mi agitación emocional, perdí al bebé. Entonces, una noche tuvimos una terrible discusión y Dave dijo cosas que me hirieron profundamente. Algo dentro de mí cambió; le dije a Dave que podía aceptar que no supiera lo que sentía por nosotros, pero que no aceptaría sus comentarios mordaces. Le dije que no quería volver a oírlos.

Supongo que había llegado a un punto en el que había decidido que estaba lista para seguir con mi vida, con o sin Dave. Estaba cansada de su falta de compromiso. Necesitaba decidir si estaba dentro o fuera del matrimonio para que pudiéramos realmente trabajar juntos en mejorar lo que o seguir con nuestras vidas por separado. En este punto, Dave tomó su decisión. Decidió que estaba lo suficientemente comprometido como para darnos tiempo para mejorar nuestra relación.

"Sin embargo, durante los seis meses siguientes, sentí un gran espacio entre nosotros, y Dave no se sentía muy cercano a mí. Muchos de los juegos a los que habíamos jugado habían terminado. Empecé a pasar más tiempo con amigos íntimos y me di cuenta de que lo que había oído en la terapia era cierto: que no puedes depender de una sola persona para satisfacer todas tus necesidades. Descubrí que cuando estaba con amigos, me reía y me divertía. También pasé tiempo a solas durante este tiempo, tratando de desarrollar mi lado espiritual. Todo ello me ayudó a recuperar el equilibrio. Le pedí a Dave que fuera a terapia por sí mismo, y lo hizo.

"Empezamos a compartir lo que estábamos aprendiendo sobre nosotros mismos en nuestro asesoramiento individual.

Era una comunicación abierta y honesta.

. . .

A veces era muy difícil sacar a relucir algo que era doloroso o incómodo, pero aprendí que podíamos estar cerca, incluso a través del dolor y la ira. Nos dijeron que sentirnos distanciados era una parte normal de volver a crecer juntos, y aunque nos asustó, nos mantuvimos unidos durante ese tiempo. Después de que Dave empezara a entender por qué todavía no se sentía cerca de mí, empecé a notar un cambio a mejor en él.

"La terapeuta sugirió entonces que empezáramos a mirar el 'nosotros'. Aunque confiaba en ella, sentía cierta resistencia en mis entrañas a hacerlo. Pero empezamos a estudiar la relación y a preguntarnos cómo podíamos mejorarla y purgarla de la dependencia malsana. Identificamos cómo repetíamos la historia el uno con el otro, cómo nos presionábamos mutuamente y por qué nos poníamos a la defensiva.

"Ahora las cosas empezaban a mejorar definitivamente entre nosotros. Era lo que siempre había oído pero nunca había experimentado: cuando dejaba de buscar el amor incondicional, estaba allí. Me sentía feliz conmigo misma, y mi felicidad dependía mucho menos de Dave o de cualquier otra persona de lo que había sido nunca. Dave empezó a compartir honestamente sus sentimientos conmigo, y sentí que respetaba mis pensamientos y sentimientos más que nunca. Se mostró dispuesto a escuchar de verdad. También estaba más abierta a él, sabiendo que ahora podía decir que no, y por lo tanto, estaba más dispuesta a aceptar sugerencias o consejos de él.

Empezó a hacer cosas por mí y a felicitarme de forma muy agradable. "Nuestro matrimonio no es perfecto, y sé q u e lograr la intimidad es un proceso largo y difícil. Ahora es emocionante porque podemos reírnos, bromear y divertirnos el uno con el otro, pero también somos libres de enfadarnos y no siempre tenemos que "hacer que todo vaya bien" También podemos estar separados el uno del otro; si uno de nosotros se siente mal, el otro puede apoyarlo pero no deprimirse también. Y sabemos que podemos tener amigos cercanos y separados y seguir estando cerca el uno del otro.

"Cuando empecé el asesoramiento para mí, no tenía ni idea de adónde me llevaría. Sólo sabía que quería volver a ser feliz. Todo el proceso conmigo misma y con mi matrimonio ha sido muy doloroso a veces. Sin embargo, también ha sido emocionante y gratificante. Siento que he redescubierto partes de mí misma con las que había perdido el contacto.

También he desarrollado nuevas partes de mí para convertirme en una persona más completa. Tengo una relación real, creciente, honesta y espontánea con mi marido que me hace sentir muy bien. Le quiero mucho más libremente que antes. Valió la pena el riesgo, el trabajo y el tiempo para llegar a este punto. Y ahora estamos deseando que nazca nuestro primer hijo".

La historia de Dave

"Mirando ahora hacia atrás, puedo ver que fue una crisis, aunque en aquel momento no lo parecía. Simplemente parecía que las cosas se complicaban cada vez más hasta que finalmente no había espacio para moverse. Aun así, no creo que hubiera buscado asesoramiento como solución. Fue Carly quien lo sugirió.

"Durante la mayor parte del tiempo que Carly y yo nos habíamos conocido, nuestra relación no era especialmente sana. No lo sabíamos, por supuesto. Pensábamos que todo estaba bien, operando bajo el mismo sistema que nos había unido en la escuela.

"Yo era la que tenía que ser fuerte, tener el control, ser especial y ser la única. Cuando íbamos a una fiesta, yo tenía que conseguir las risas. Cuando íbamos a ir a algún sitio el fin de semana, yo era el que decidía a dónde íbamos.

Recuerdo que en esa época mucho de mi humor degradaba a Carly.

"También fui el pacificador, como lo había sido mientras crecía en mi familia (o había pensado que tenía que serlo).

Carly y yo rara vez nos peleábamos o teníamos discusiones serias porque pensaba que eso estaba mal.

De niña, me tragaba mucho mis sentimientos. No estaba bien sentir. Los niños grandes no lloran.

Nunca había tenido una charla íntima con mi madre o mi padre. En nuestra familia, nos reíamos de las cosas. Si era negativo, lo enterrábamos. Como resultado, ni siquiera podía pedir las cosas más sencillas: un masaje en la espalda, tiempo a solas, intimidad sexual.

"Pero encontré a alguien que se encargó de todo eso por mí, sin que yo siquiera lo pidiera. Cuando estábamos tratando de decidir qué hacer para una noche o fin de semana, Carly esperaba a ver lo que yo quería hacer, y luego me acompañaba. Se ofrecía a frotarme la espalda; le daba mucho valor cuidar de mí. Por supuesto, yo no lo sabía. Sólo sabía que, por alguna razón mágica, me estaban cuidando. Pero no había intimidad ni sentimientos compartidos.

"Entonces las cosas empezaron a cambiar. Supongo que comenzó cuando Carly empezó la terapia. Ella comenzó a cambiar su parte de nuestro sistema. No más humor degradante, dijo ella. Dejó de cuidarme tanto. Ella comenzó a tener sus propios amigos, su propia vida. Ya no era yo quien tenía el control. El momento que recuerdo más vívidamente fue la primera vez que se enfadó de verdad conmigo. Supe que las cosas ya no eran lo mismo.

. . .

"Recuerdo haber criticado a Carly por depender de mí; eso me molestaba. Pero, al mismo tiempo, estoy seguro de que empezaba a sentir miedo de que ya no dependiera de mí. Fue una época muy confusa para mí. No me sorprende ahora, mirando hacia atrás, que empezara a querer alejarme de Carly entonces.

"La crisis que nos llevó a ver a un terapeuta surgió de un viaje de negocios que hice y en el que me sentí fuertemente atraído por Rita. No sabía cómo manejar los sentimientos que tenía por esta mujer. Me sentía fuertemente atraído por ella, pero sabía que no podía actuar según esos sentimientos.

Ella también se sentía atraída por mí, y decidimos mantener el contacto de forma amistosa.

"En los días siguientes al viaje me quedó claro que mis sentimientos por Rita eran algo más que una amistad, y fantaseé con la idea de poder estar con ella en el futuro. Por primera vez, me pregunté si quería pasar el resto de mi vida con Carly. ¿La quería? ¿La amaba por las mismas razones por las que me había enamorado de ella quince años antes?

"Me encontré constantemente atrapado en el medio, tratando de construir una nueva amistad a distancia con Rita, y al mismo tiempo tratando de asegurar a Carly que todo estaba bien.

Fue uno de los momentos más incómodos de mi vida.

Lo que más me molestaba era que Carly no podía entender mi deseo de amistad. Pensaba que estaba siendo restrictiva y celosa, y tuvimos muchas discusiones y peleas al respecto.

"Bueno, las cosas fueron empeorando para Carly y para mí.

Yo siempre estaba en medio, intentando cada vez más que Carly y mi nueva amiga entendieran por qué la otra se sentía así. Como supe después, esto: la posición de "intermediario" me resultaba familiar, ya que siempre había intentado contentar a todo el mundo.

"Pensé en separarme de Carly; incluso pensé en el divorcio.

Ninguna de las dos cosas me pareció muy aceptable, pero, sin embargo, eran opciones. No estoy seguro de por qué no ejercí ninguna de ellas. Por un lado, probablemente estaba demasiado asustado. Y en algún lugar, debajo de todo este lío, creo que creía que habíamos llegado demasiado lejos como para rendirnos.

"Para entonces, había empezado las sesiones semanales de terapia de grupo.

No tenía casi ninguna conexión emocional con Carly.

Había dicho que estaba comprometido con la relación, y lo estaba. Había decidido que le daría lo único que sentía que podía hacer: tiempo. Y también había aceptado empezar a examinarme a mí mismo y mi papel en nuestro matrimonio.

Al principio, sólo utilicé las sesiones para lidiar con mi ira y mi tristeza por no poder continuar con mi nueva amistad.

Pero a pesar de eso, empecé a descubrir por qué era la persona que era, y eso fue fascinante.

"Aun así, los tiempos no fueron fáciles. Todavía quería alejarme de Carly, más aún cuando empecé a descubrir algo sobre mí y a tener más sentido de mí mismo. Toda mi vida con Carly había sido 'nosotros'. Antes de la terapia, me había centrado en Carly y había pensado en cómo debería ser diferente, pero ahora me miraba casi por completo a mí mismo. Ahora había un "yo" de nuevo que me gustaba. Esa parte de mí quería ir por mi cuenta y no pasar por toda esta suciedad de intentar reconstruir una relación.

"Creo que lo que más me ayudó la terapia fue confirmar mi creencia de que las cosas podrían mejorar con el tiempo. No estamos hablando de semanas.

Estuve en terapia de grupo durante más de un año. Finalmente, muy lentamente, empecé a sentirme más cerca de Carly de nuevo.

Quiero decir muy lentamente. Hubo muchas veces en las que pensé que nunca podría volver a sentirme cerca de ella.

"Fue intrigante ver cómo empezábamos a tener una relación más sana de nuevo. Seguro que no era amor de cachorro ni enamoramiento romántico ni nada parecido.

Carly no era instantáneamente una nueva mujer, ni yo un nuevo hombre. Pero ambos nos conocíamos mucho mejor que antes y habíamos aprendido mucho sobre cómo tener una relación sana. Ya no tenía que sentirme en control; empecé a dejarme llevar en muchas situaciones en las que antes tenía que estar al mando.

"Todo el proceso ha sido increíble para mí. Es irónico pensar que para volver a ser una pareja sana, dos personas tienen que recorrer caminos separados durante un tiempo.

No tienen que estar separados físicamente, y me alegro de que no lo estábamos. Pero tienen que estar psicológicamente distanciados antes de poder volver a estar juntos.

. . .

Hasta que cada uno esté dispuesto a apartarse y examinar su papel en la relación, creo que es casi imposible cambiar.

Pero siento que hacer ese viaje interior por separado y traer lo que aprendí de él a nuestra nueva relación ha sido la experiencia más significativa y gratificante de mi vida.

Volvemos a sentirnos bien. La cercanía ha vuelto; creo que se puede decir que estamos enamorados de nuevo, de una forma muy diferente a como lo estábamos antes."

A veces, hay que dejarse llevar

A veces, nuestras relaciones no pueden salvarse y debemos estar dispuestos a decirles adiós. Cuando nos sentimos vulnerables ante la idea de la vida fuera de una relación concreta, a menudo nos aferramos a ella e intentamos controlarla. En tales situaciones, debemos discernir si estamos allí para satisfacer compulsiones adictivas o una pasión que emana de nuestra verdad más profunda: la conexión del corazón, el alma y el cuerpo. Aunque la pasión puede ser una parte importante del amor sano, el subidón irresistible no debe desviarnos del camino.

La atracción sexual o romántica puede ser tan fuerte que empecemos a negar lo evidente: que la relación no puede funcionar si no es como una adicción mutua. La atracción puede llegar a la velocidad del rayo, con trompetas y platillos que desafían todas las palabras y sugieren una conexión mística. A veces lo es. Por otro lado, también puede ser una atracción magnética hacia la autodestrucción.

La historia de Dan

La historia de Dan es del tipo que he presenciado muchas veces. Sin embargo, también sé que no vemos lo que necesitamos ver y dejar ir a las personas que necesitamos dejar ir hasta que estamos listos para ver y dejar ir. A veces, como en el caso de Dan, uno necesita estar "enfermo y cansado" antes de estar dispuesto a avanzar en su proceso.

Al principio, Dan era reacio a buscar ayuda para su relación adictiva porque era un consejero de éxito y creía que debía conocer todas las respuestas. Se veía a sí mismo como un hombre fuerte, independiente y guapo, con una alta autoestima, y le resultaba difícil admitir que se sentía de otra manera. Había confiado en sí mismo durante mucho tiempo. Pero Dan aprendió que la verdadera fuerza venía a través de su odisea interior y el descubrimiento de las cosas que le mantenían en una relación insana.

Cuando Dan buscó ayuda por primera vez, su vida parecía estar fuera de control.

Abusaba físicamente cuando se enfadaba, bebía demasiado y sufría de presión arterial alta y migrañas. Estaba claro que si no cambiaba, seguiría en una trayectoria autodestructiva. Vino a terapia para recuperar el control de su vida.

A diferencia de Carly y Dave, Dan necesitaba dejar su relación para poder seguir adelante con su vida, algo que inicialmente no podía imaginar. Su tema, como el de tantos otros atrapados en un amor adictivo, era "no me imagino viviendo sin ella".

"Para empezar, creo que debo remontarme a mi infancia y a la relación con mi padre. Creo que nunca me sentí amado por él, aunque me esforcé por conseguirlo. Aunque ahora creo que mi padre, de hecho, me quería, no creo que le resultara muy fácil decir las palabras o mostrar los sentimientos porque no recuerdo que mi padre me dijera nunca que me quería.

"Llevé esta lucha por el amor a mis relaciones adultas. Creía que necesitaba el amor de otra persona para afirmar mi derecho a vivir. También creo que esta necesidad de ser amada me llevó a casarme a la temprana edad de diecinueve años. Este matrimonio fue un error desde el principio, pero seguí en él durante doce años. Lo hice sobre todo por inseguridad; sentía que no era una persona digna de ser amada.

"Cuando el matrimonio -en el que fui extremadamente infeliz durante años- se volvió absolutamente intolerable, solicité el divorcio. Poco después del divorcio, conocí a Ann, también recién divorciada. En poco tiempo, nos hicimos amigos y amantes. Pero esta relación era extremadamente adictiva desde el punto de vista romántico y sexual.

"Tanto Ann como yo teníamos la sensación de no poder vivir sin el otro. Poco después de empezar a salir, nos fuimos a vivir juntos. Al principio de la relación, parecía que Ann y yo permitíamos que la relación nos consumiera y controlara.

Pasábamos poco tiempo fuera de la relación y manteníamos pocos intereses externos. Temíamos perdernos el uno al otro. Estábamos completamente obsesionados con nuestra relación, cada uno de nosotros esperaba que el otro satisficiera todas nuestras necesidades, sin darse cuenta de lo imposible que era eso.

"La relación se volvió extremadamente dolorosa para mí cuando Ann empezó a ver a otros hombres, lo que reforzó mi creencia de que yo no era muy querible. Aunque esto me causó un gran dolor y ansiedad, me quedé porque era adicta a la relación y no sabía cómo salir 'sin morir', como lo han dicho entonces. Creo que el aspecto más adictivo de nuestra relación era que nos exigíamos amor incondicional el uno al otro sin importar nuestro comportamiento y sin importar lo que hiciéramos para destruir la relación.

"Creo que en ese momento me decía a mí mismo que podía cambiar a Ann si la quería lo suficiente. *Tenía* que cambiarla porque no podía vivir sin ella. No era una persona completa sin mi relación con ella. Esta relación tan adictiva se volvió cada vez más destructiva para mí, y creo que también para Ann. La destructividad de nuestro vínculo comenzó a afectarme; mi consumo de alcohol aumentó y mi comportamiento se volvió cada vez más autodestructivo.

"Finalmente, a causa de mi comportamiento, alguien a quien respetaba mucho me pidió que mirara seriamente hacia dónde me dirigía y que intentara poner mi vida bajo control. En ese momento, me di cuenta de que mi ira explosiva, mis malos sentimientos hacia mí mismo y mi relación malsana con Ann eran cosas que no podía detener por mí mismo.

"Entonces busqué ayuda de un terapeuta. Creo que ahí me di cuenta de muchas cosas sobre mi vida, y pronto comprendí que tenía que poner fin a mi relación infeliz y adictiva. Finalmente pude hacerlo después de varias sesiones de terapia. Creo sinceramente que si no hubiera entrado en terapia, esta relación adictiva me habría destruido posteriormente, si no a los dos.

"Cuando empecé a ser buena conmigo misma, cambiando mis creencias sobre mi valor y aceptando que mis padres me habían amado lo mejor que pudieron, empecé a abrirme a las mujeres que eran capaces de amar e intimar. Aprendí que era yo quien temía el daño y el dolor del rechazo, quien había creído que no era seguro estar cerca y quien sustituía la intimidad por el melodrama. Había buscado inconscientemente a una mujer, Ann, que no podía amarme íntimamente, lo que apoyaba mi creencia de que no era digno de ser amado o de que era una decepción para los demás. Fue estupendo descubrir que realmente tenía una opción.

"Desde entonces, he hecho algunos cambios importantes en mi vida, como mudarme a una nueva zona. Hay que reconocer que fue una de las decisiones más difíciles que he tomado. Desde que terminó mi relación con Ann, he tenido ocasión de verla y a veces me siento atraído por ella. Luego me recuerdo a mí mismo que no quiero ir por esa calle, así que ¿por qué ir allí?"

Carly, Dave y Dan han recorrido un largo camino. Y lo han hecho viviendo el proceso paso a paso. Tú también puedes aprender a poner en práctica el amor y la libertad simultáneamente en tu vida.

Conclusiones

El objetivo más elevado que un terapeuta puede tener para sus clientes es inculcarles el conocimiento de que las soluciones a sus problemas se encuentran en su interior, y luego transmitirles herramientas para ayudar a guiar a las personas hacia esas poderosas respuestas internas. Este capítulo trata de proporcionarle las habilidades que le permitirán actuar como su propio terapeuta y abordar sus problemas de relación de una manera útil y esperanzadora.

Hemos hablado de las raíces del amor adictivo, hemos descrito sus características y hemos estudiado el proceso para pasar de una dependencia problemática a un amor maduro y satisfactorio. Como hemos visto, las raíces del amor adictivo son profundas, y el camino de salida suele ser largo y difícil. Tan largo y duro, de hecho, que puede que te preguntes: "¿Por qué molestarse? ¿No es mejor cualquier amor que ningún amor?"

Conclusiones

¿Por qué expulsar el amor adictivo de tu vida? Hay una respuesta muy buena a ese desafío: el amor adictivo *es limitante*.

- Limita tu capacidad de sentirte satisfecho.
- Limita tu capacidad de funcionar y de desarrollar tu potencial. Limita tu apertura a nuevas experiencias.
- Limita tu capacidad de disfrutar y vivir el presente. Limita tu energía para las actividades creativas.
- Limita tu poder personal y tu libertad. Limita tu capacidad de aceptar a los demás.
- Limita tu disposición a enfrentarte a tus miedos. Limita tu espontaneidad.
- Limita tu nivel de conciencia y tu potencial espiritual. Limita tu capacidad de intimidad y tu capacidad de amar de verdad.

Debes decidir por ti mismo qué elecciones harás para tu vida. Seguramente no tienes que cambiar, pero si decides cambiar, asegúrate de que lo haces por ti. Una vez que decidas renunciar al amor adictivo, una vez que dejes de ver la vida en un melodramático blanco y negro y empieces a verla con colores verdaderos y complejos, puede que te resulte difícil o imposible volver a tu antigua forma de pensar o de comportarte. Descubrirás que puedes invitar - pero no obligar- a los demás en tu vida a que te acompañen.

Si se resisten, harás bien en ser paciente y compasivo.

Conclusiones

Puede que incluso descubras que tu decisión de renunciar al amor adictivo significa que tendrás que poner fin a tu problemática relación por completo, una decisión que seguramente te causará un dolor muy natural.

La plenitud nunca llega fácilmente; no hay garantías de que tu elección de cambiar te traiga la felicidad instantánea. Como ilustran los esbozos descriptivos de este libro, algunos de los que se arriesgaron a cambiar crecieron en relaciones amorosas más saludables, mientras que otros descubrieron que tenían que dejar sus relaciones y empezar de nuevo en la vida y el amor.

Una vez que decides liberarte del amor adictivo, aceptas soltar tu deseo de ser controlado o de controlar a otro; dejas de manipular a los demás para conseguir lo que necesitas y quieres. El deseo de manipular a los demás es muy poderoso, y al renunciar a él, sin duda experimentarás cierto sufrimiento. Pero a la larga, ese sufrimiento será mucho menor que el dolor que te hayas infligido a ti mismo o a otro a través de una relación adictiva.

Si no está seguro de cómo desea proceder, puede experimentar con los ejercicios que siguen; vea lo que puede aprender sobre sí mismo. Si deseas, por las razones que sean, mantener el statu quo en tu relación problemática, tal vez quieras detenerte aquí. Está siendo honesto, pero recuerde que la decisión de no cambiar es suya, así que deje de culpar a los demás de sus problemas de relación o de su adicción. Debes recordar que has renunciado al poder personal y al crecimiento por el amor adictivo.

www.ingramcontent.com/pod-product-compliance
Lightning Source LLC
Chambersburg PA
CBHW072019070526
44583CB00015B/1545